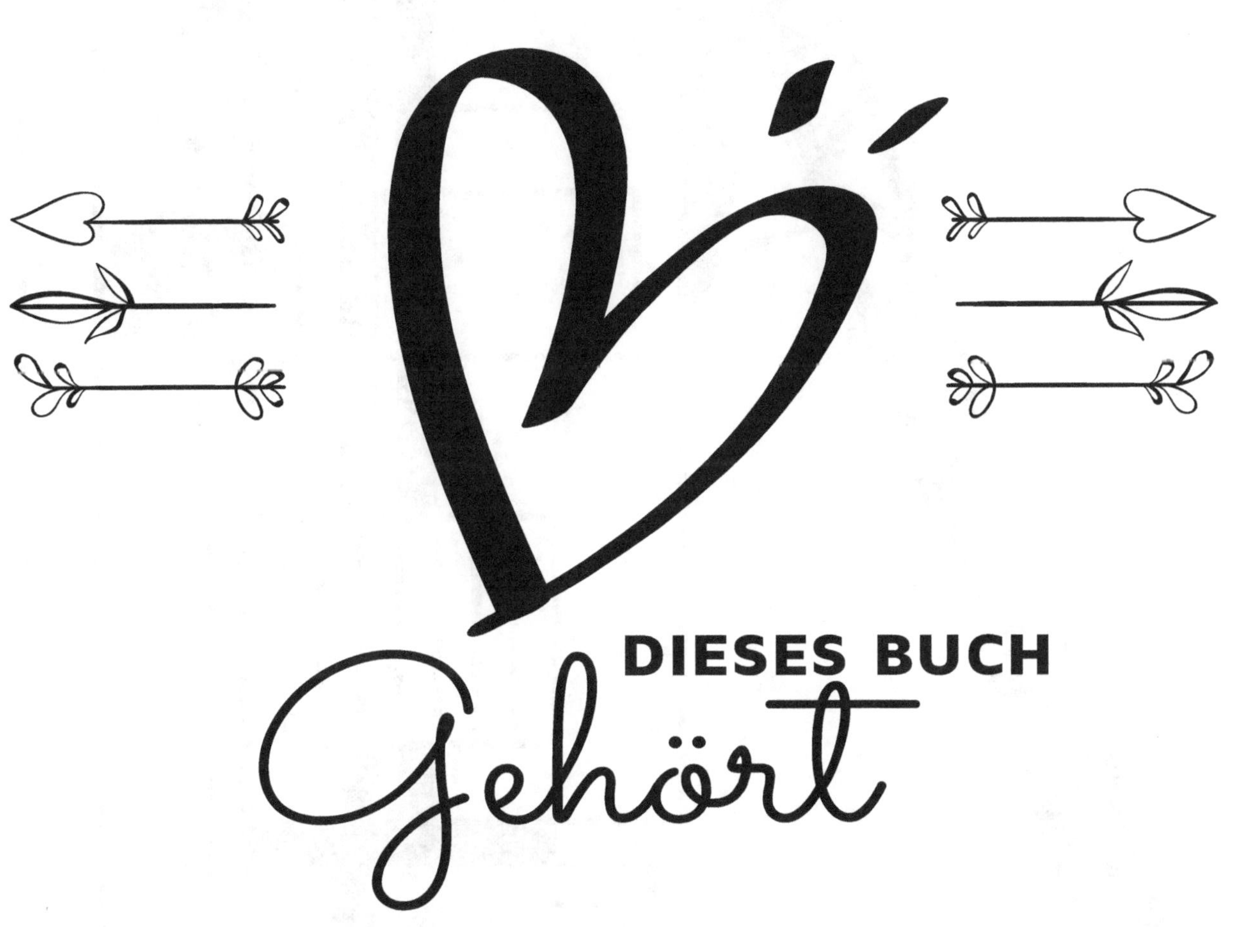
DIESES BUCH
Gehört

FEUERWEHRAUTO MALBUCH

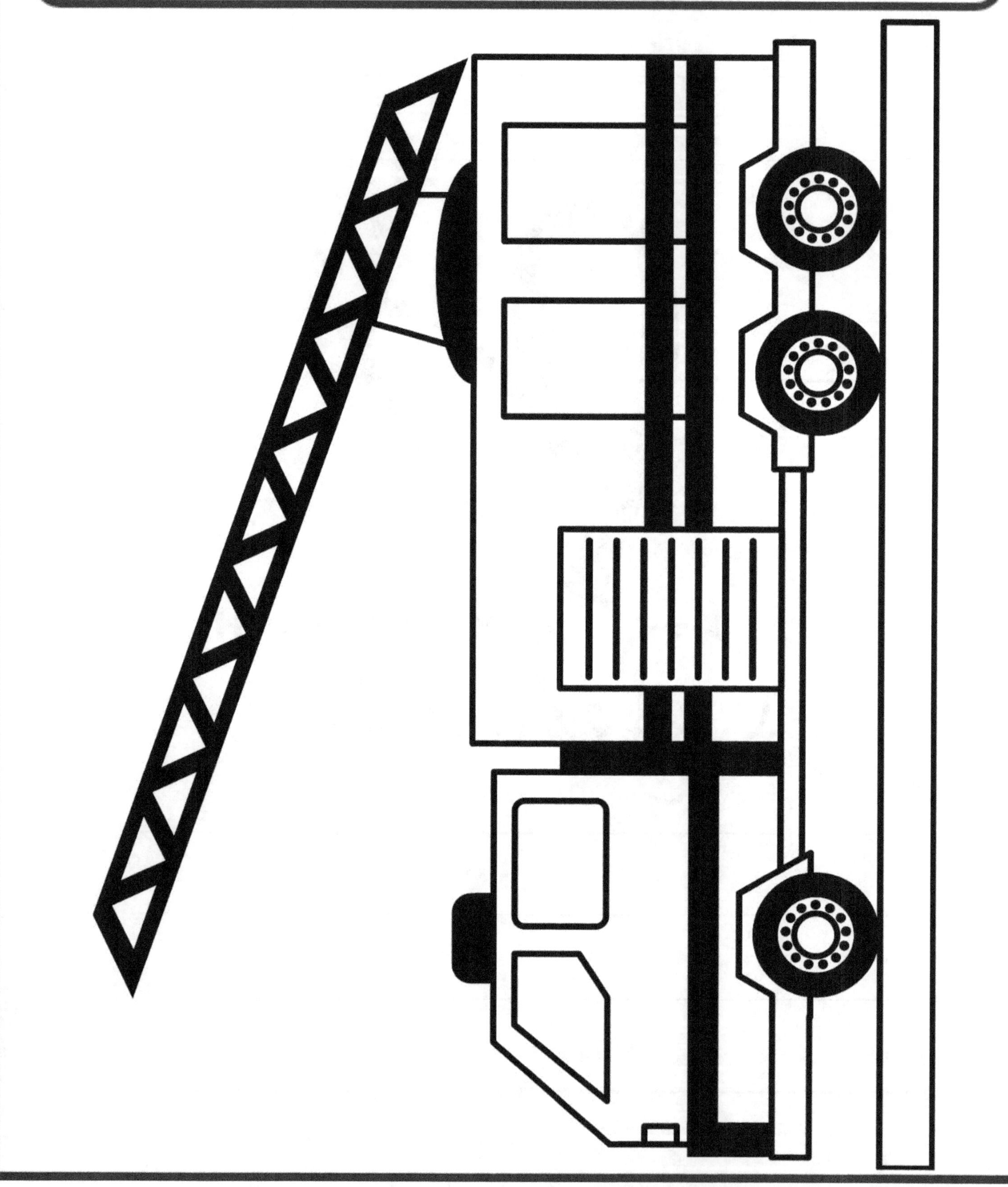

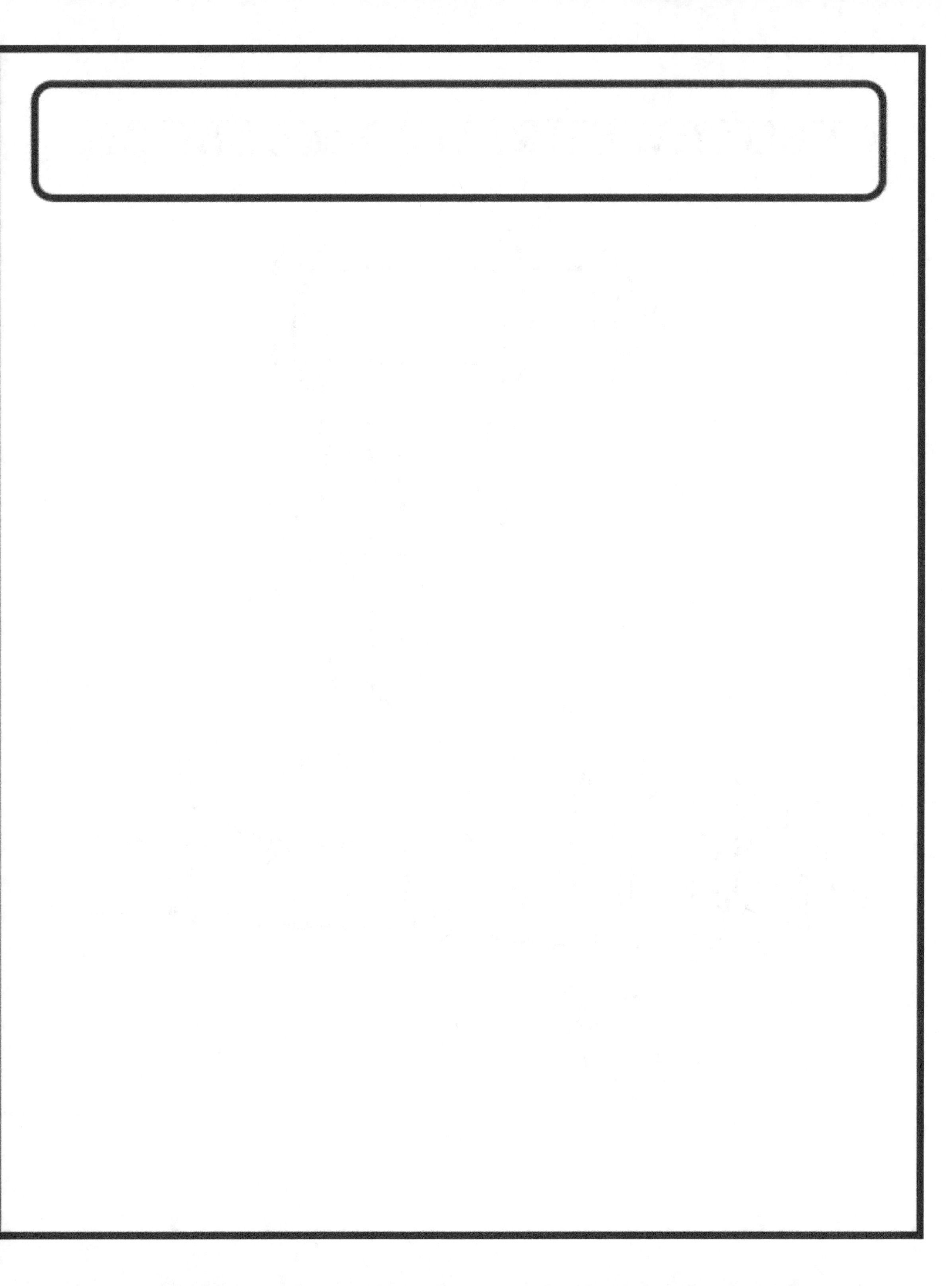

FEUERWEHRAUTO MALBUCH

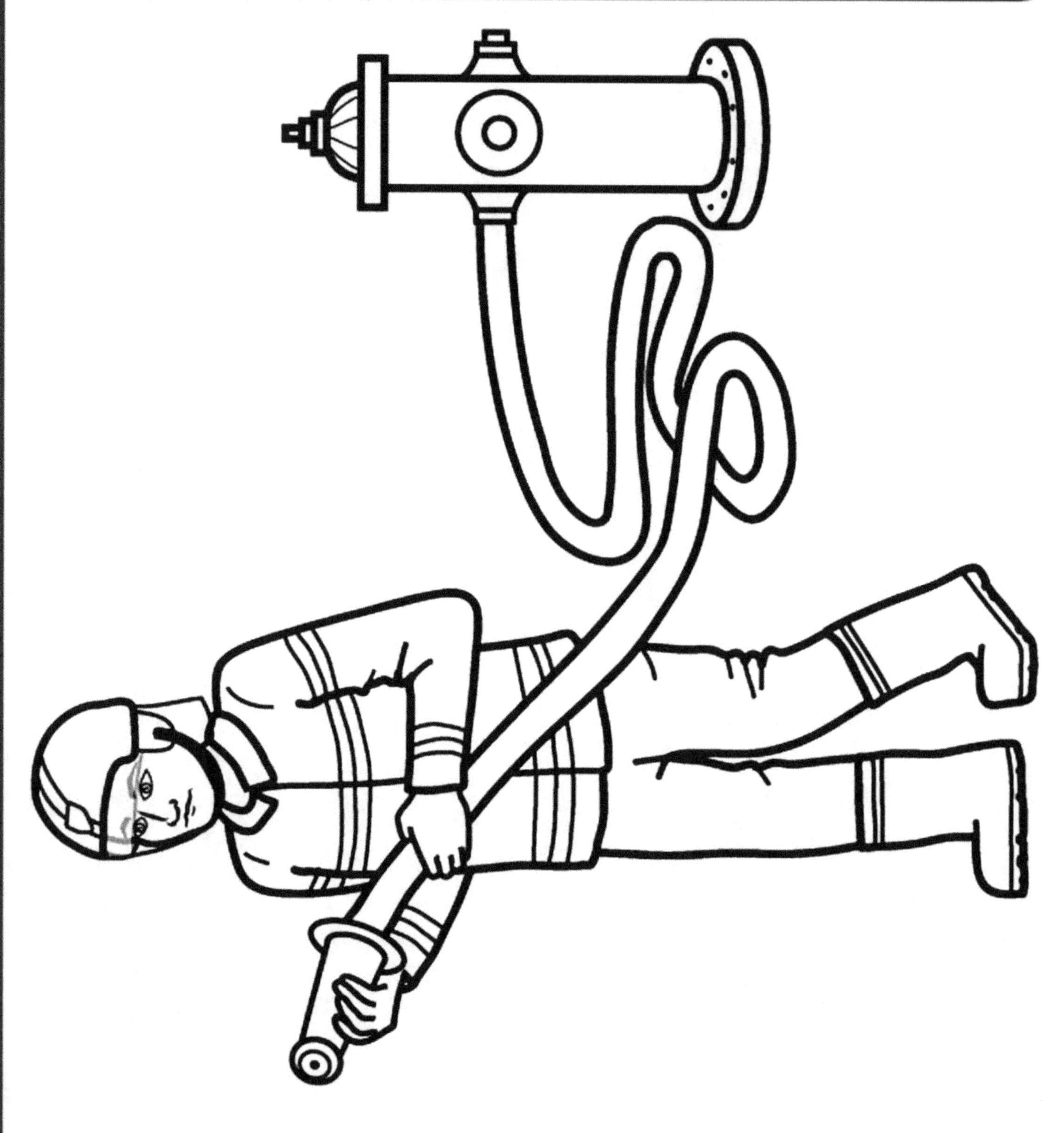

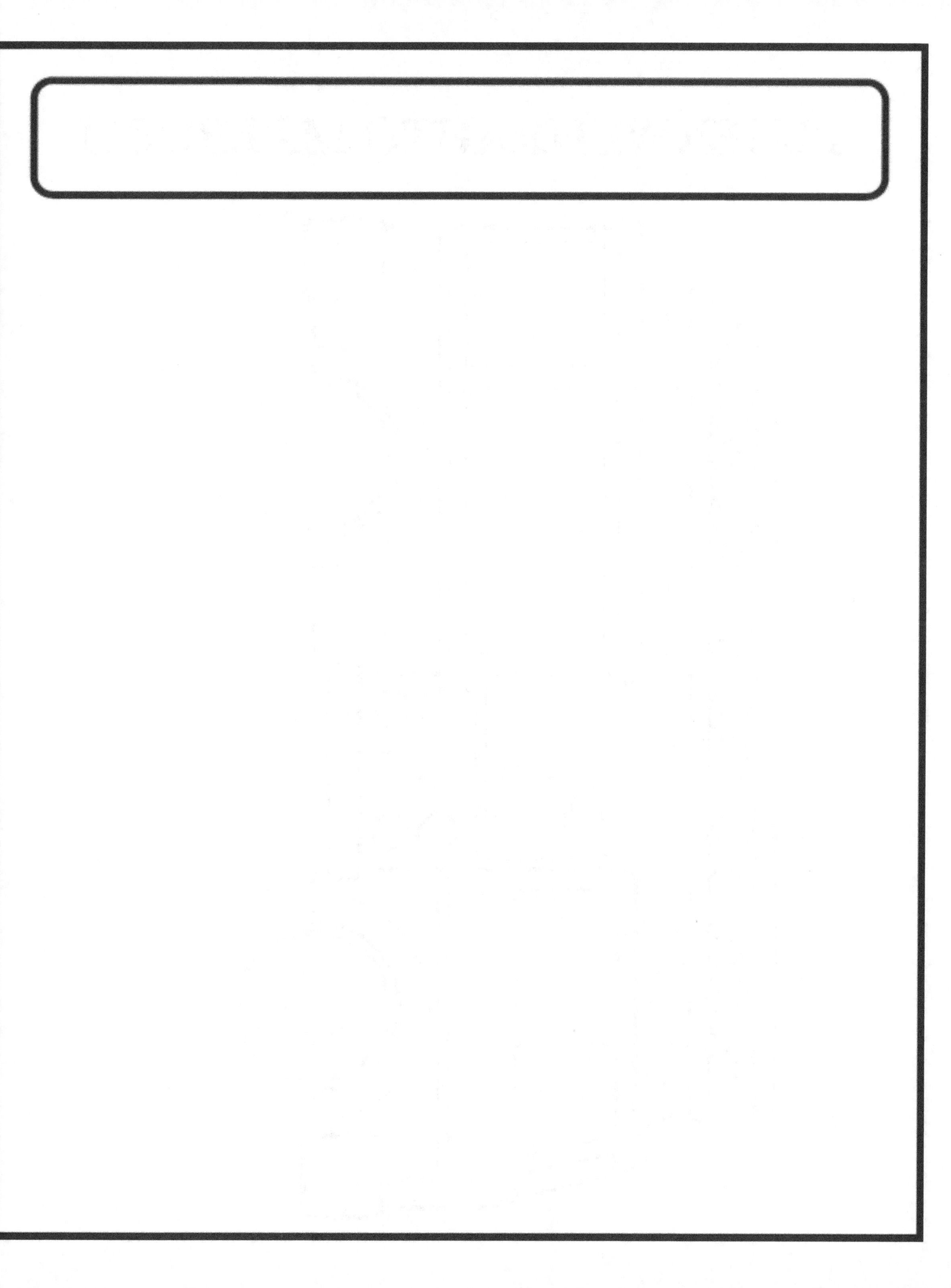

FEUERWEHRAUTO MALBUCH

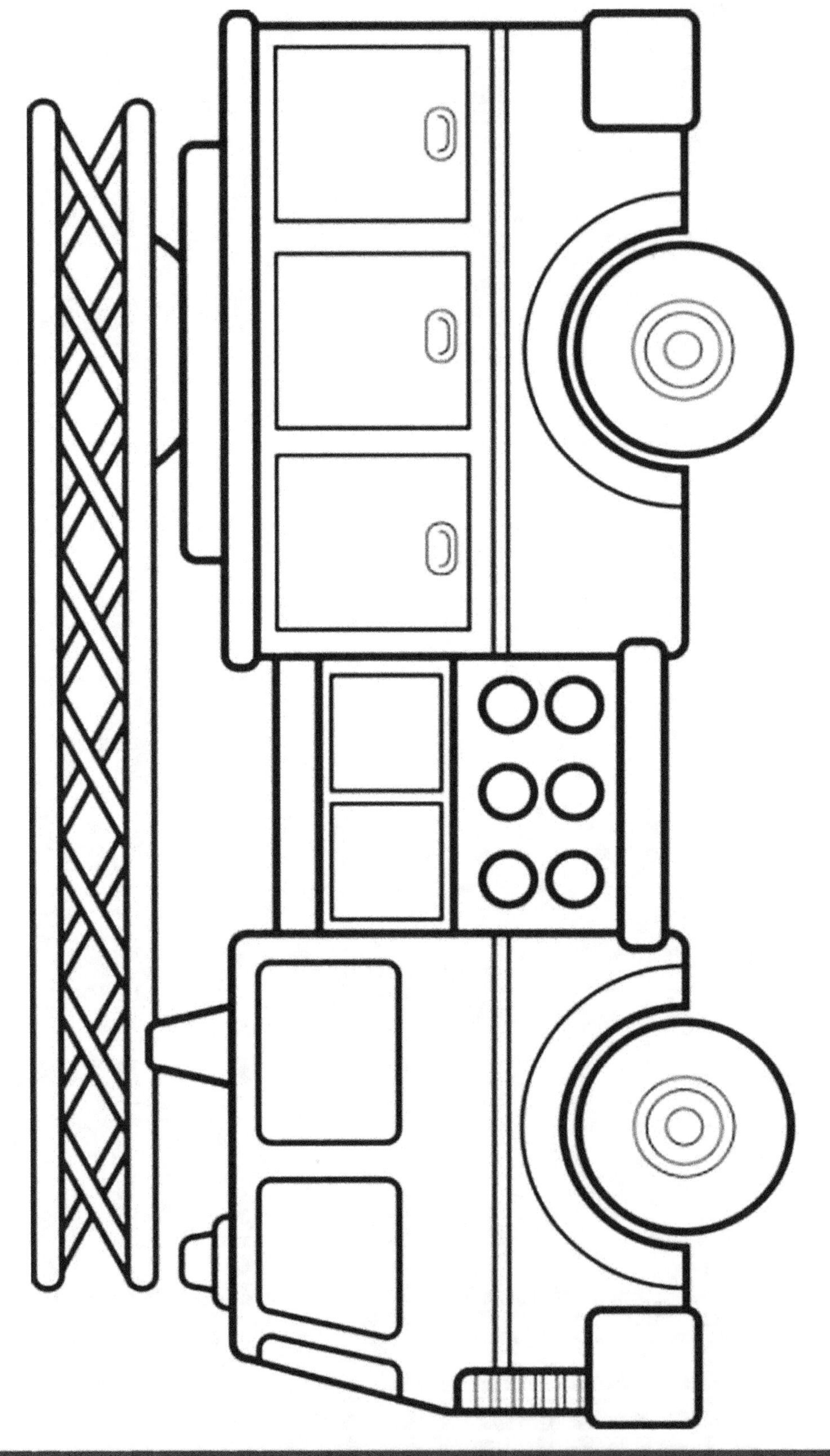

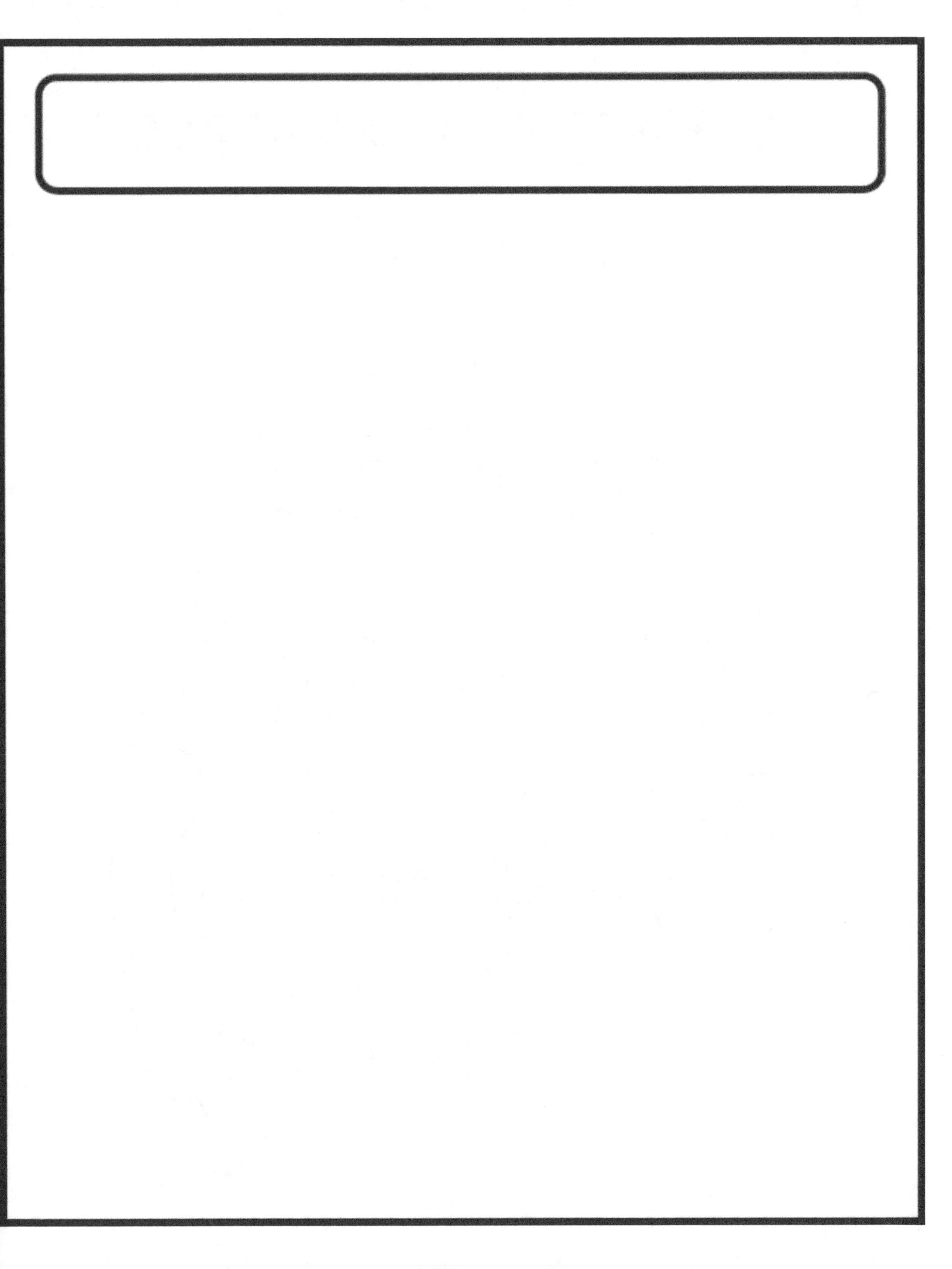

FEUERWEHRAUTO MALBUCH

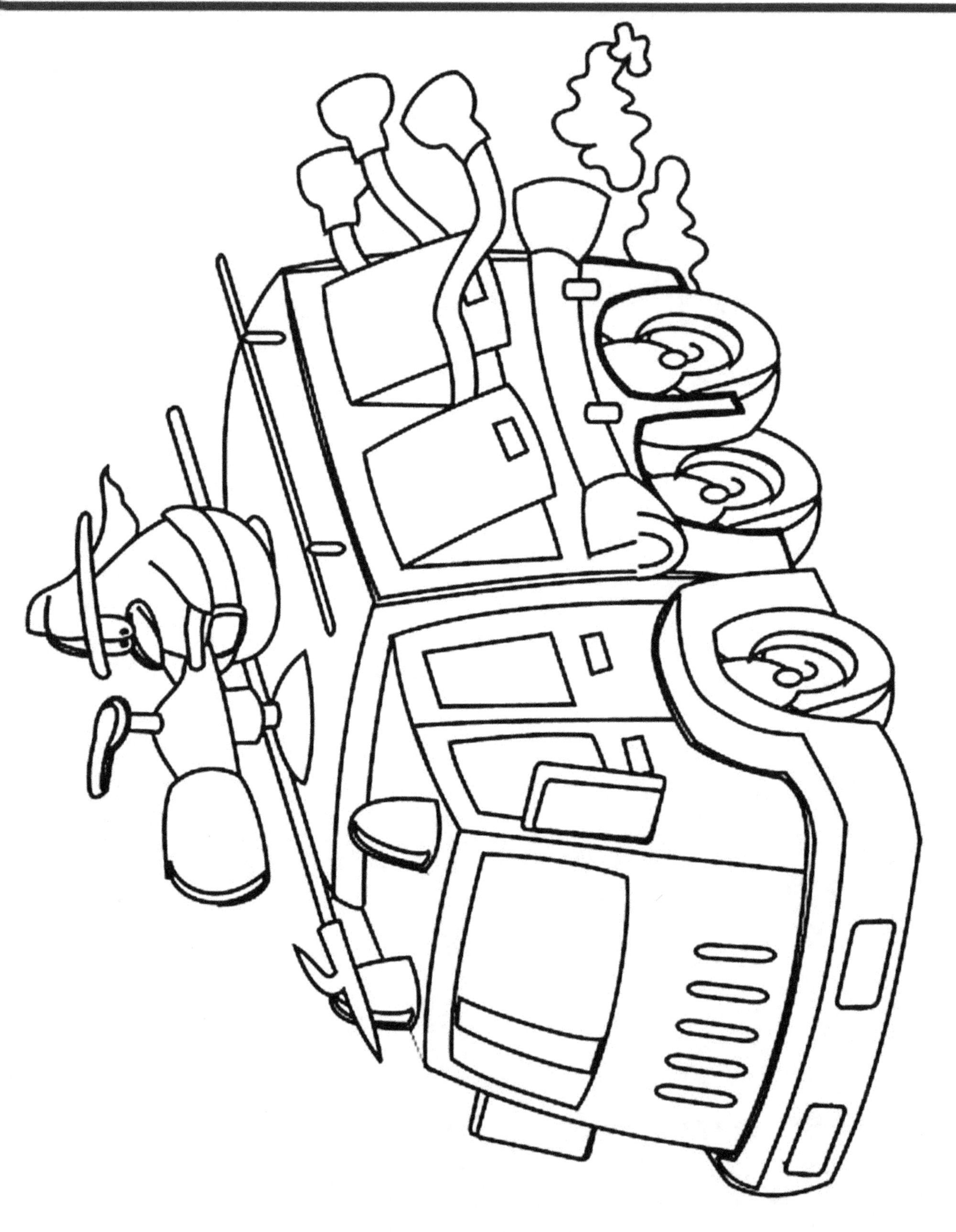

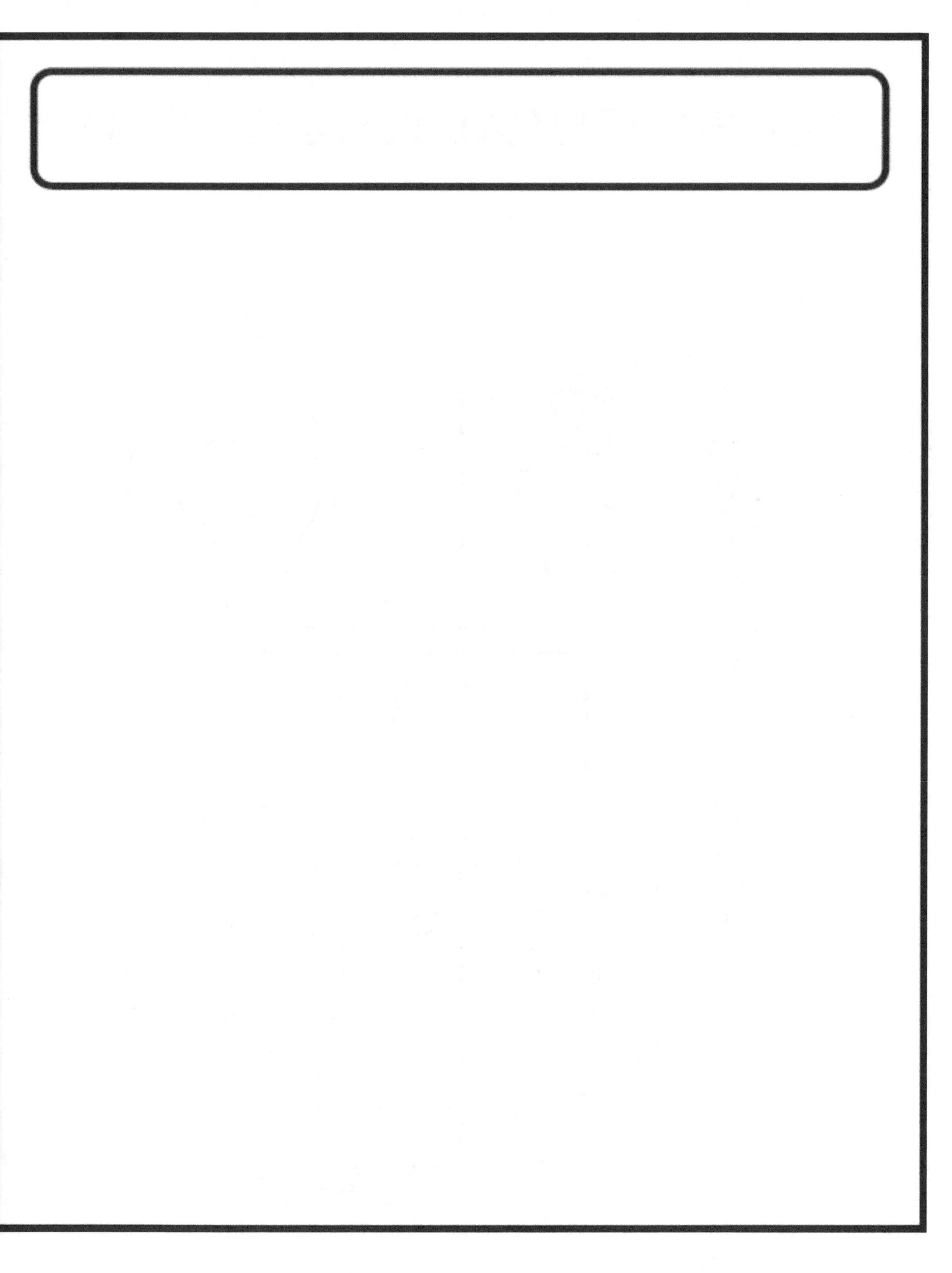

FEUERWEHRAUTO MALBUCH

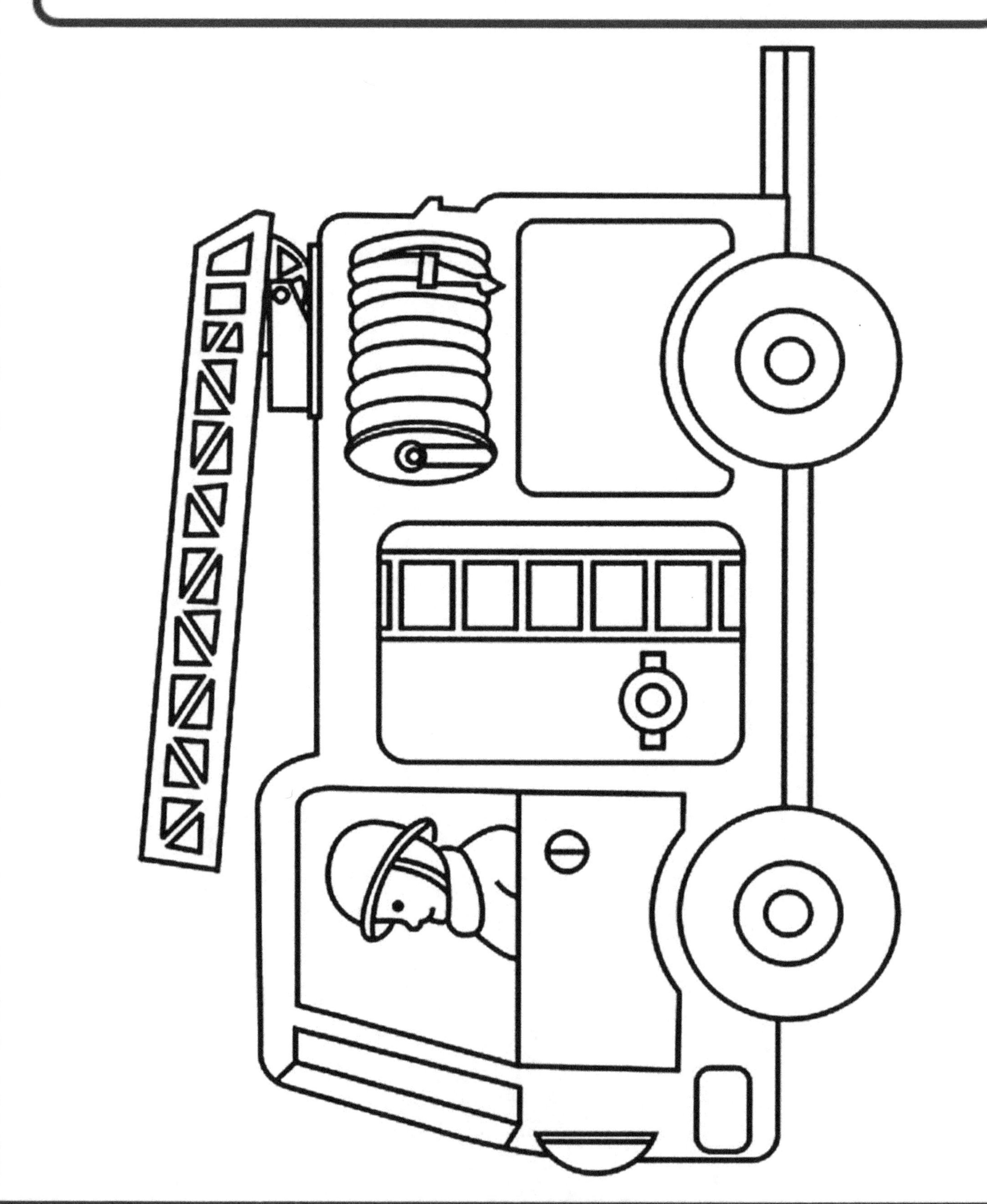

FEUERWEHRAUTO MALBUCH

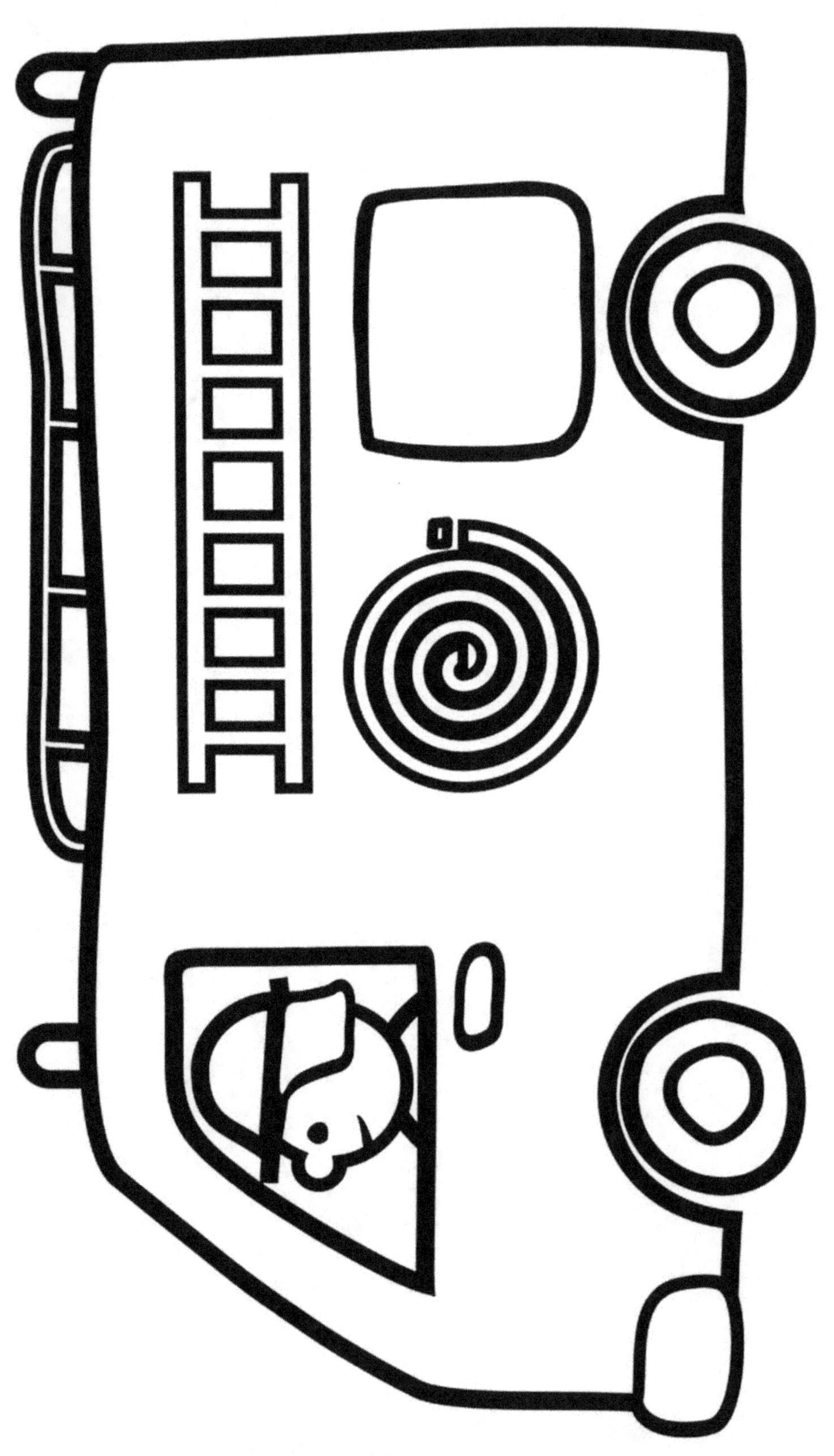

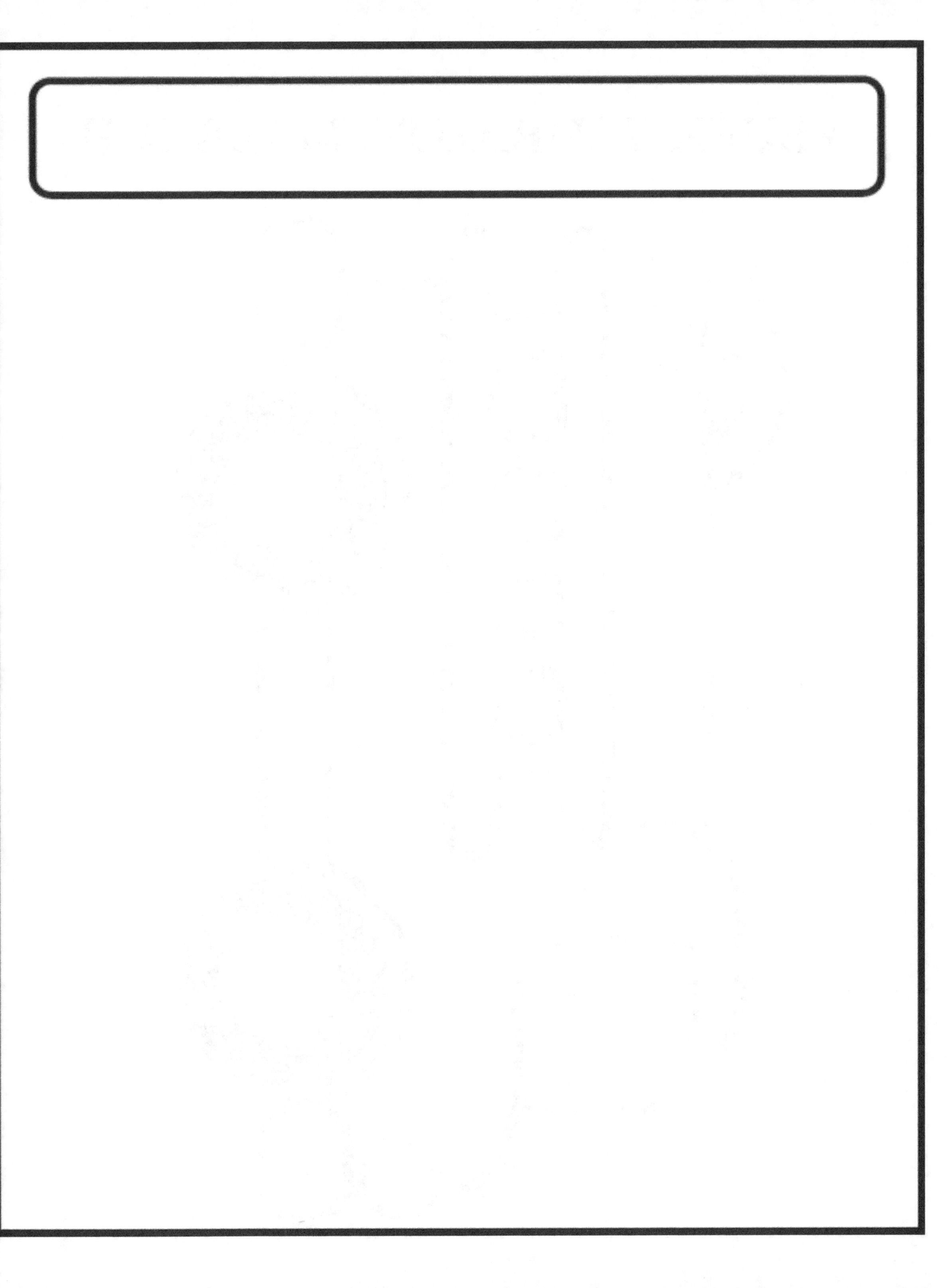

FEUERWEHRAUTO MALBUCH

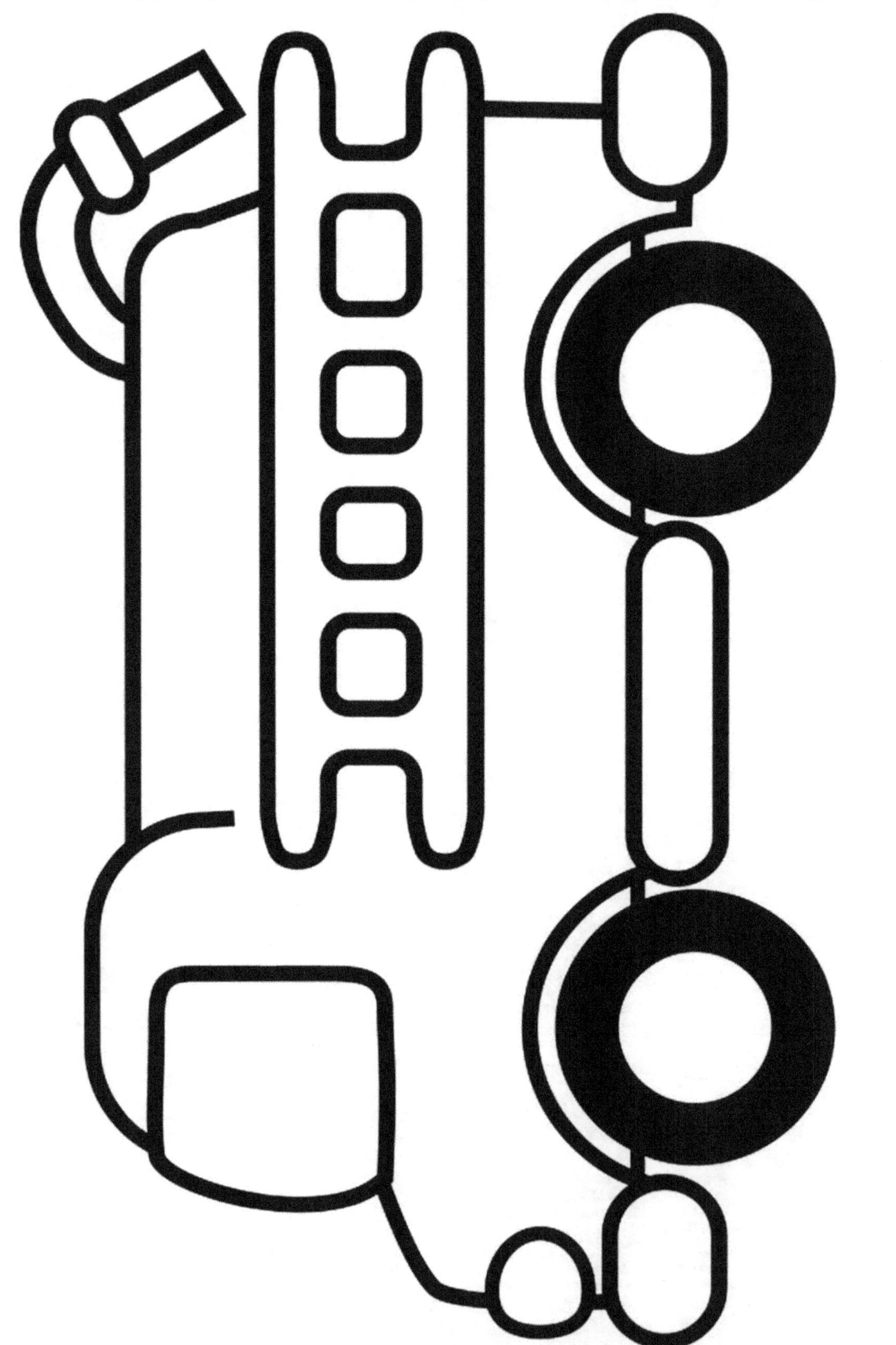

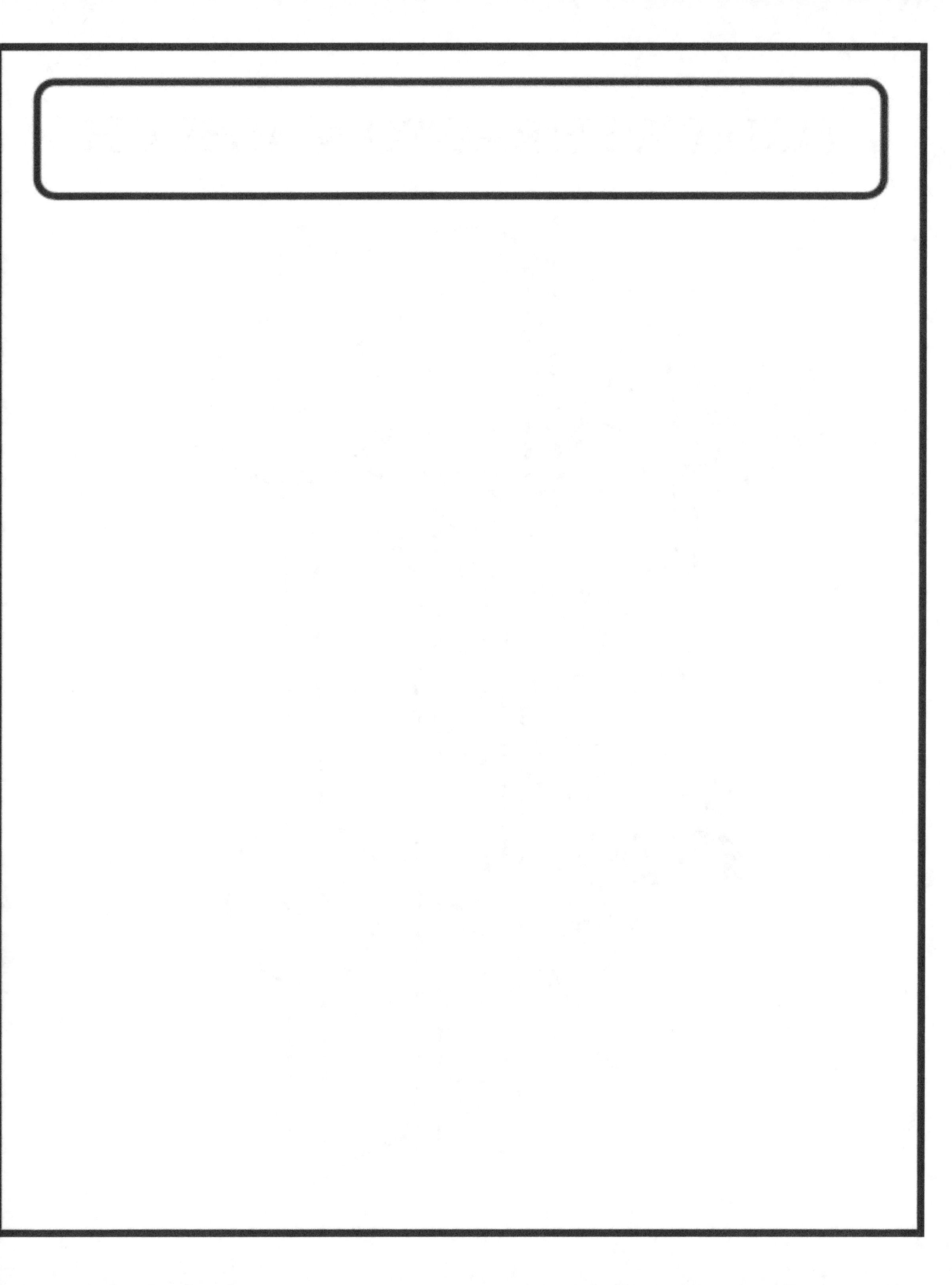

FEUERWEHRAUTO MALBUCH

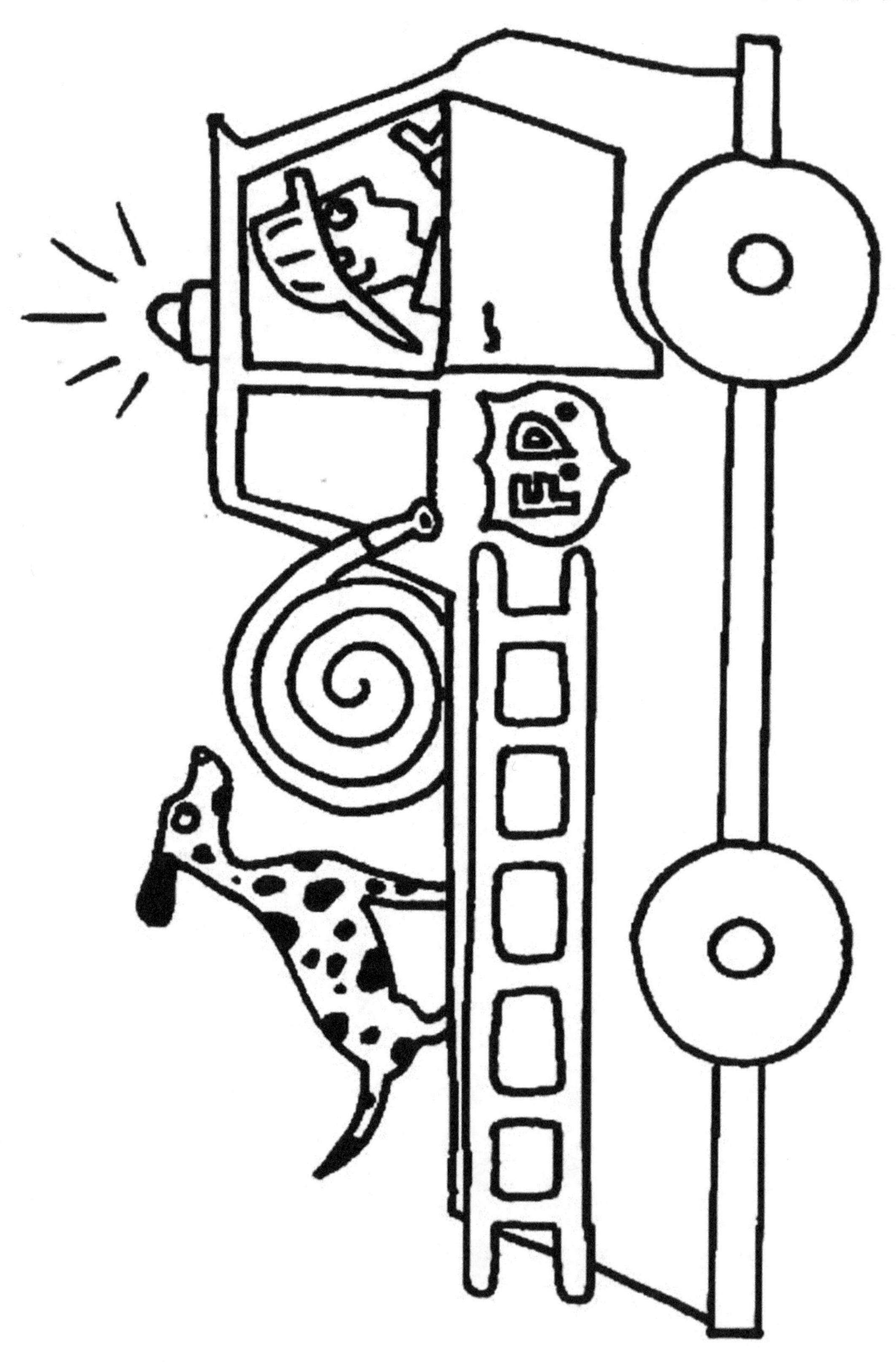

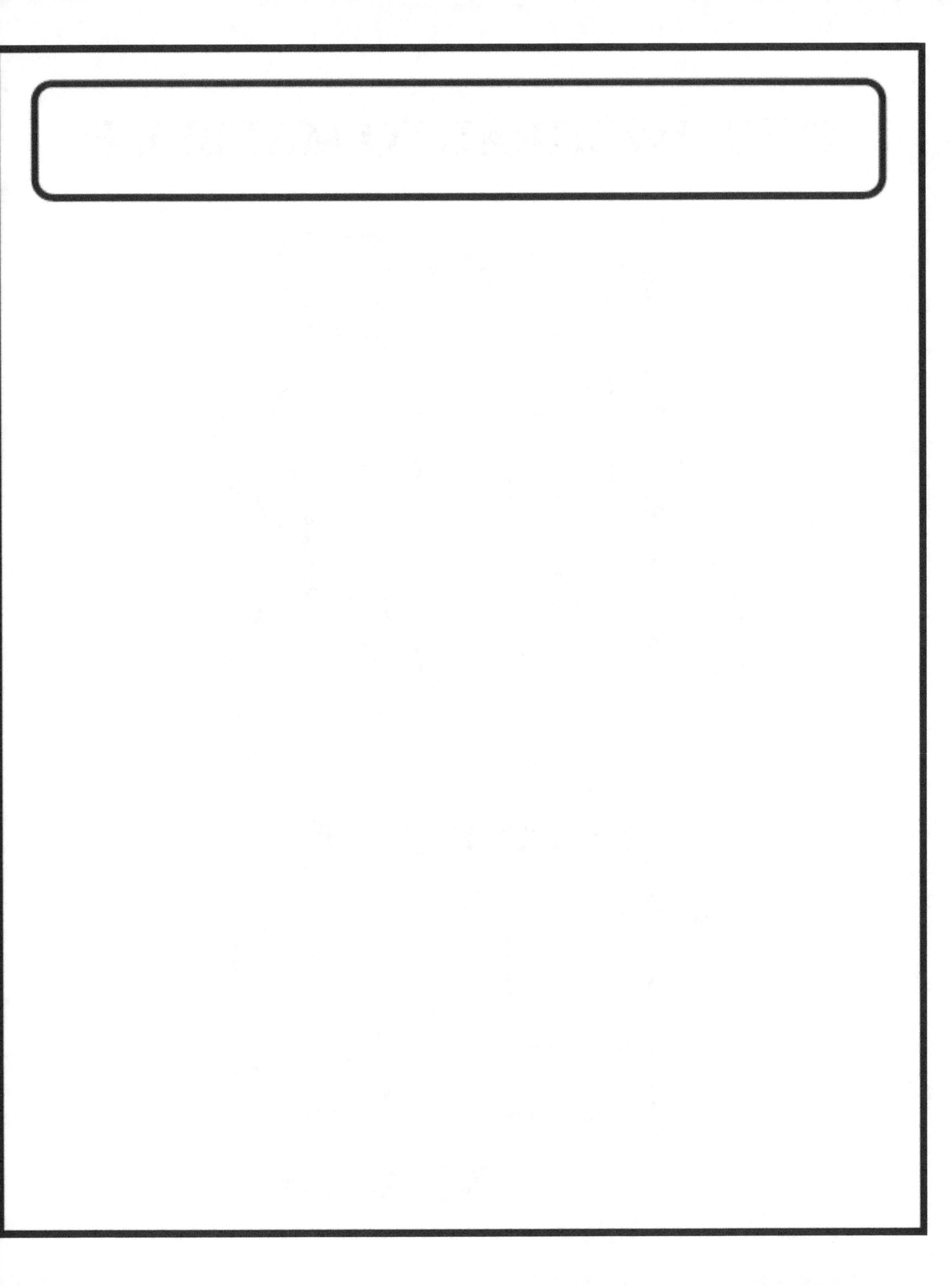

FEUERWEHRAUTO MALBUCH

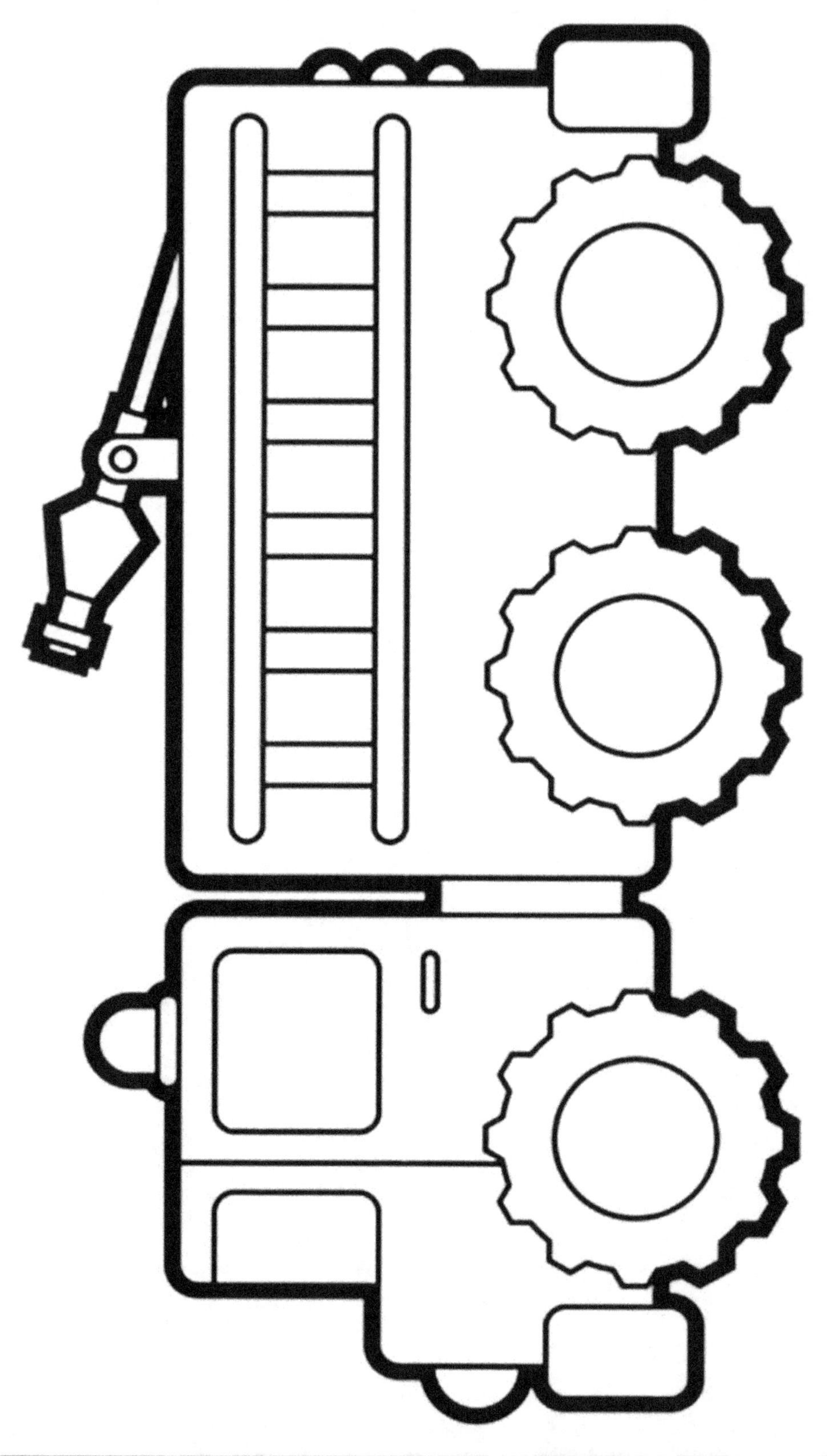

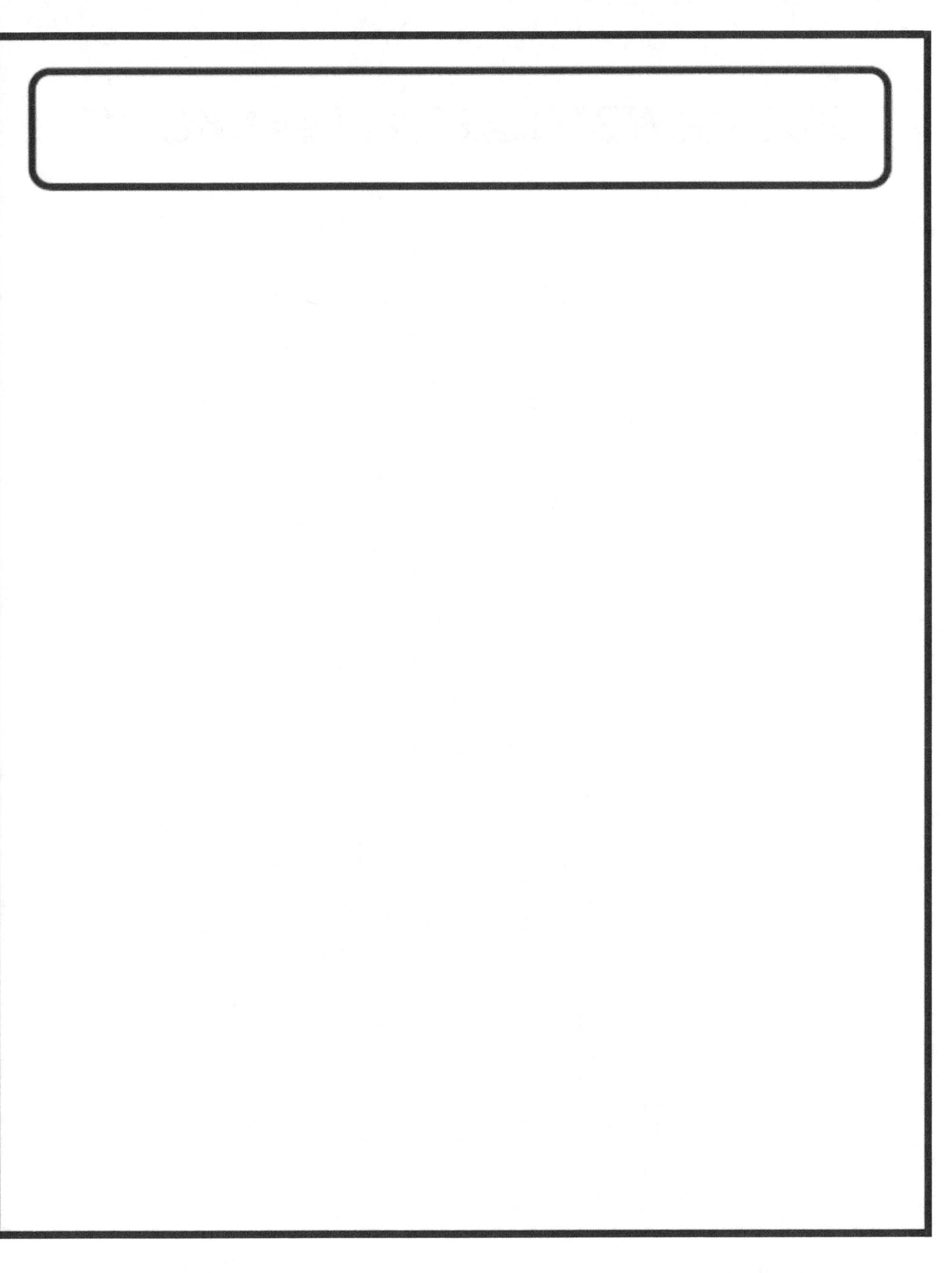

FEUERWEHRAUTO MALBUCH

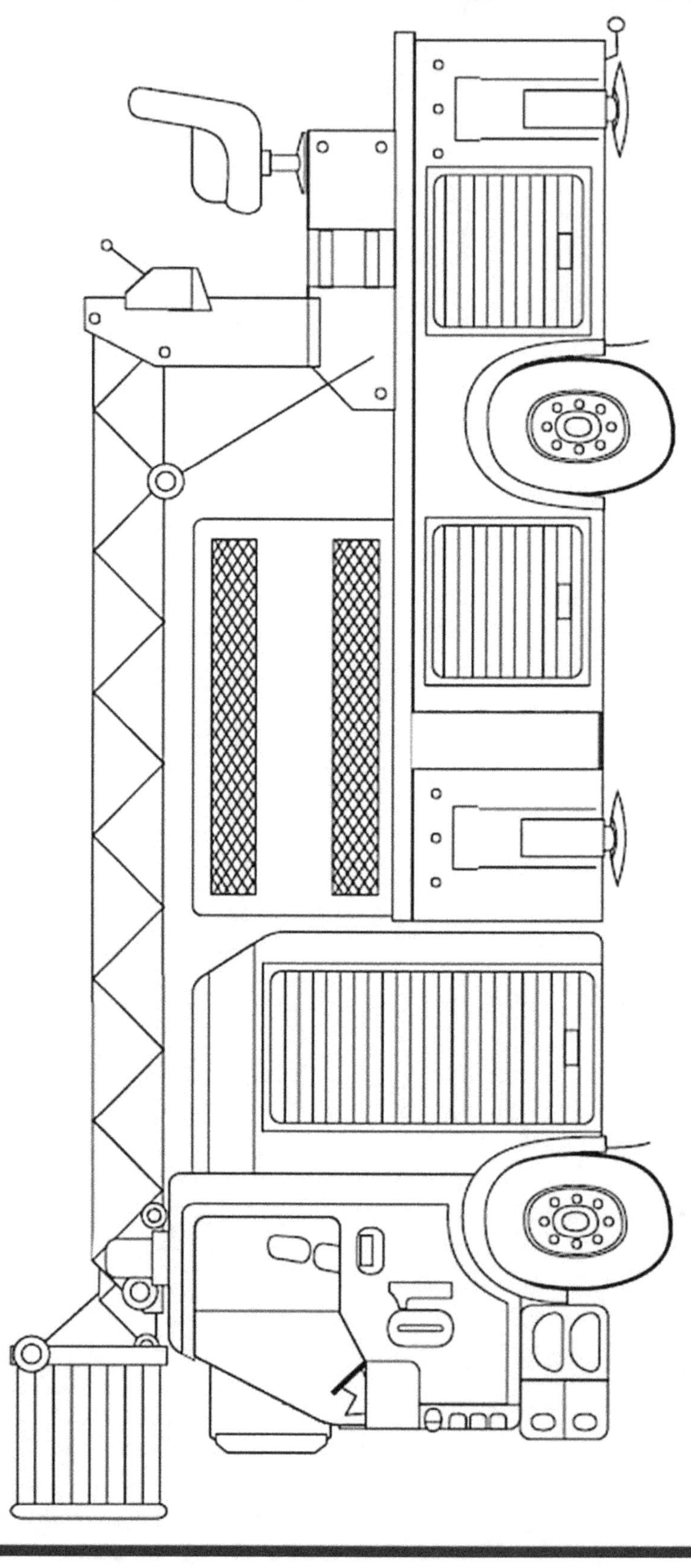

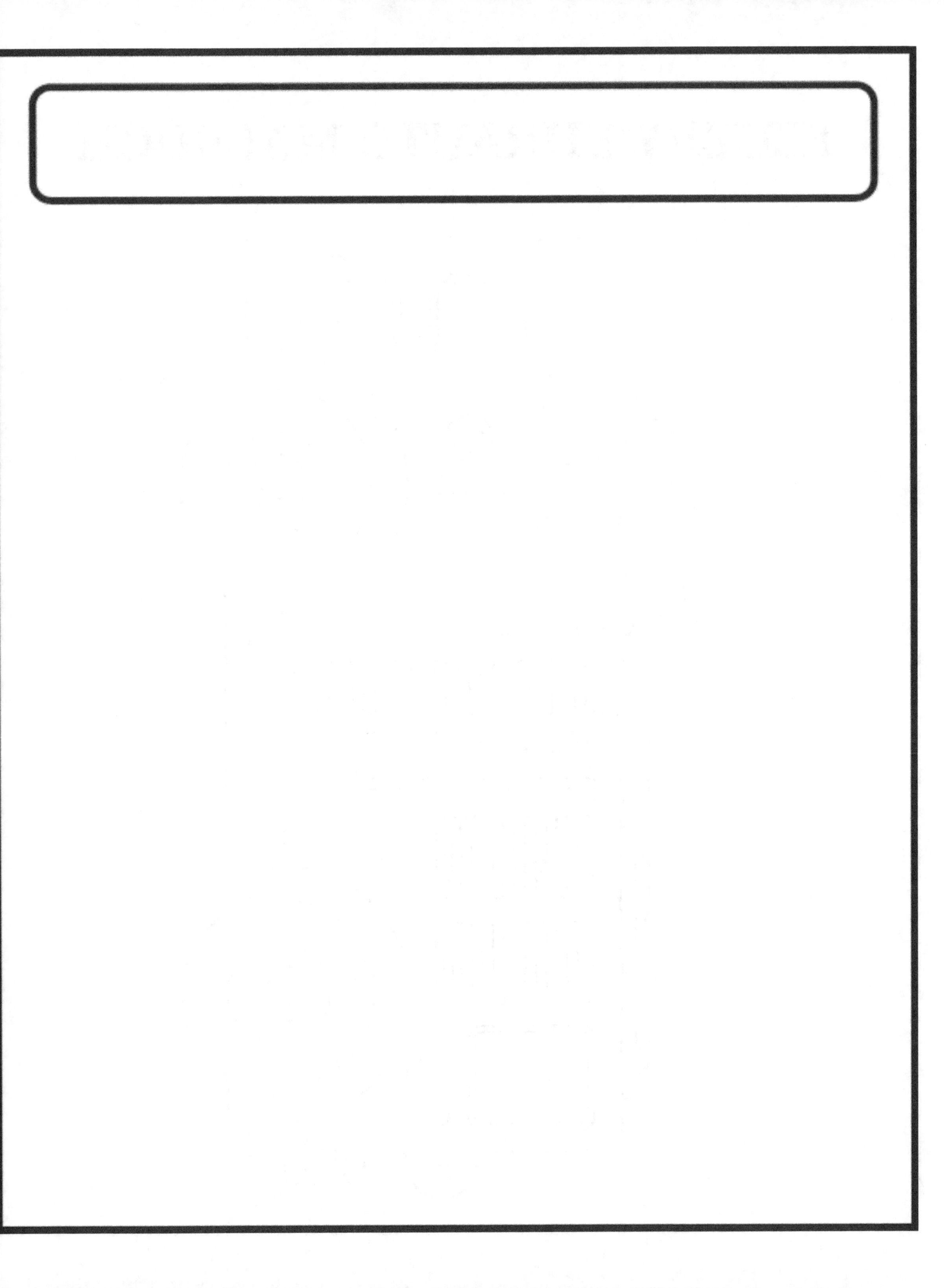

FEUERWEHRAUTO MALBUCH

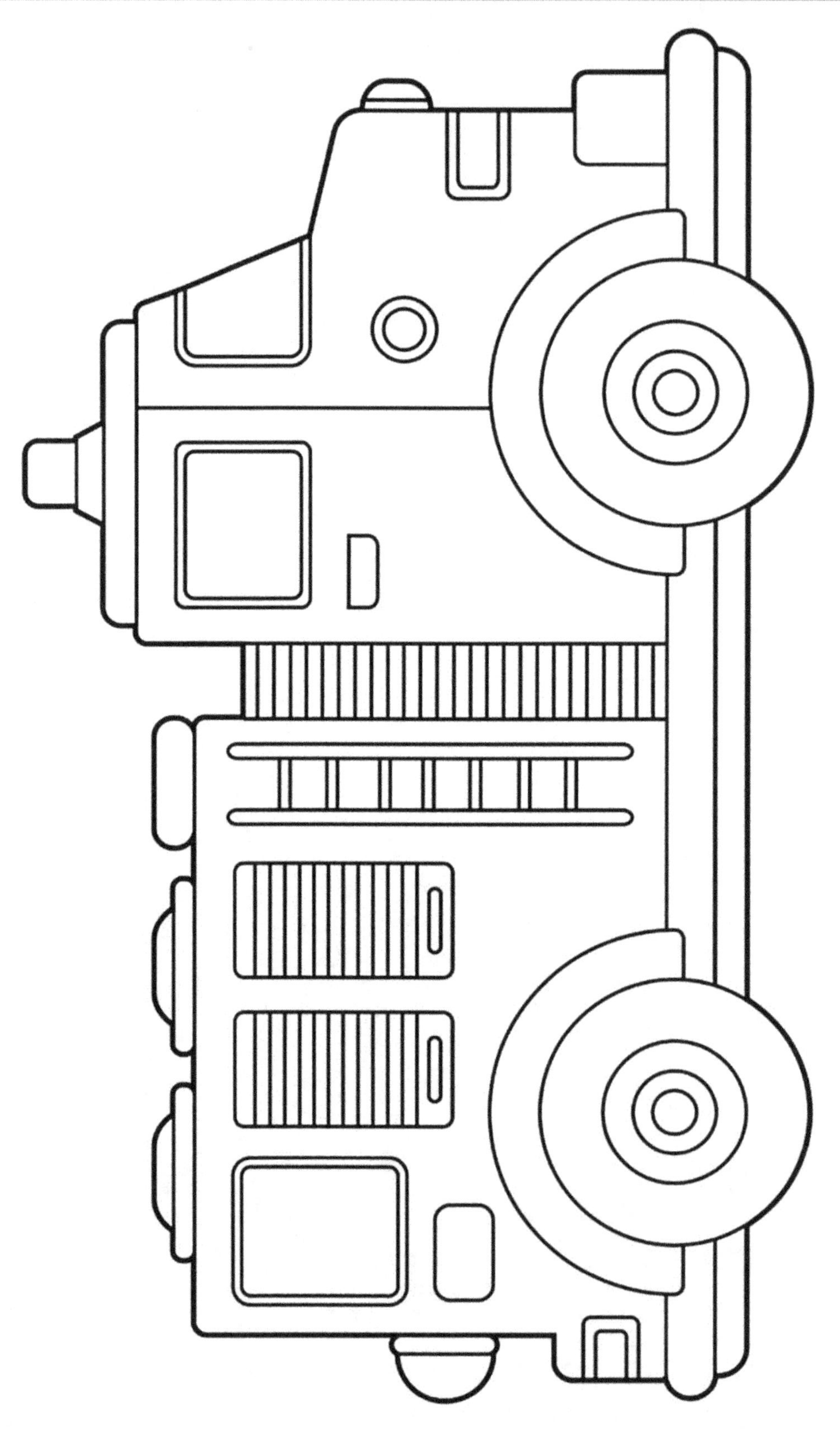

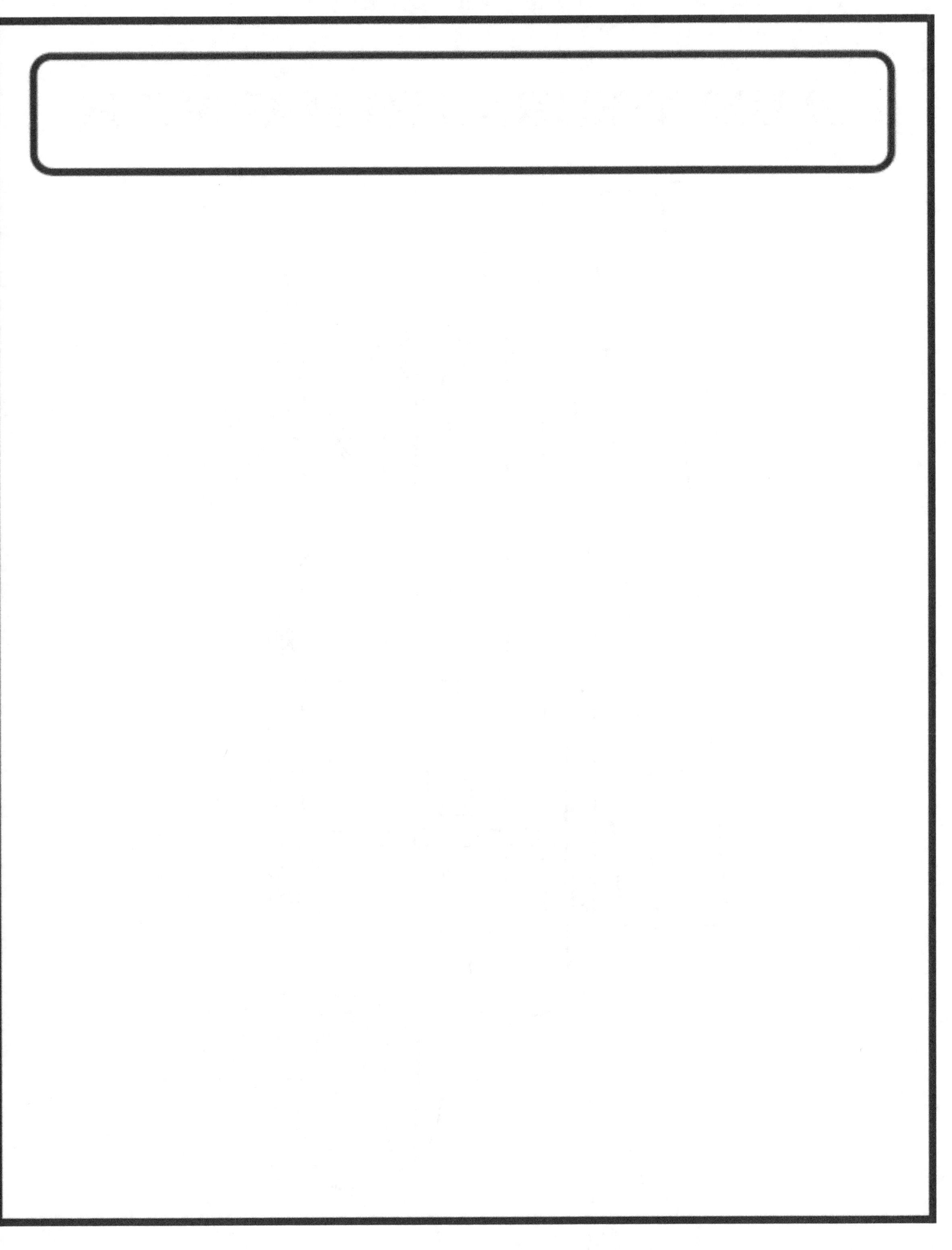

FEUERWEHRAUTO MALBUCH

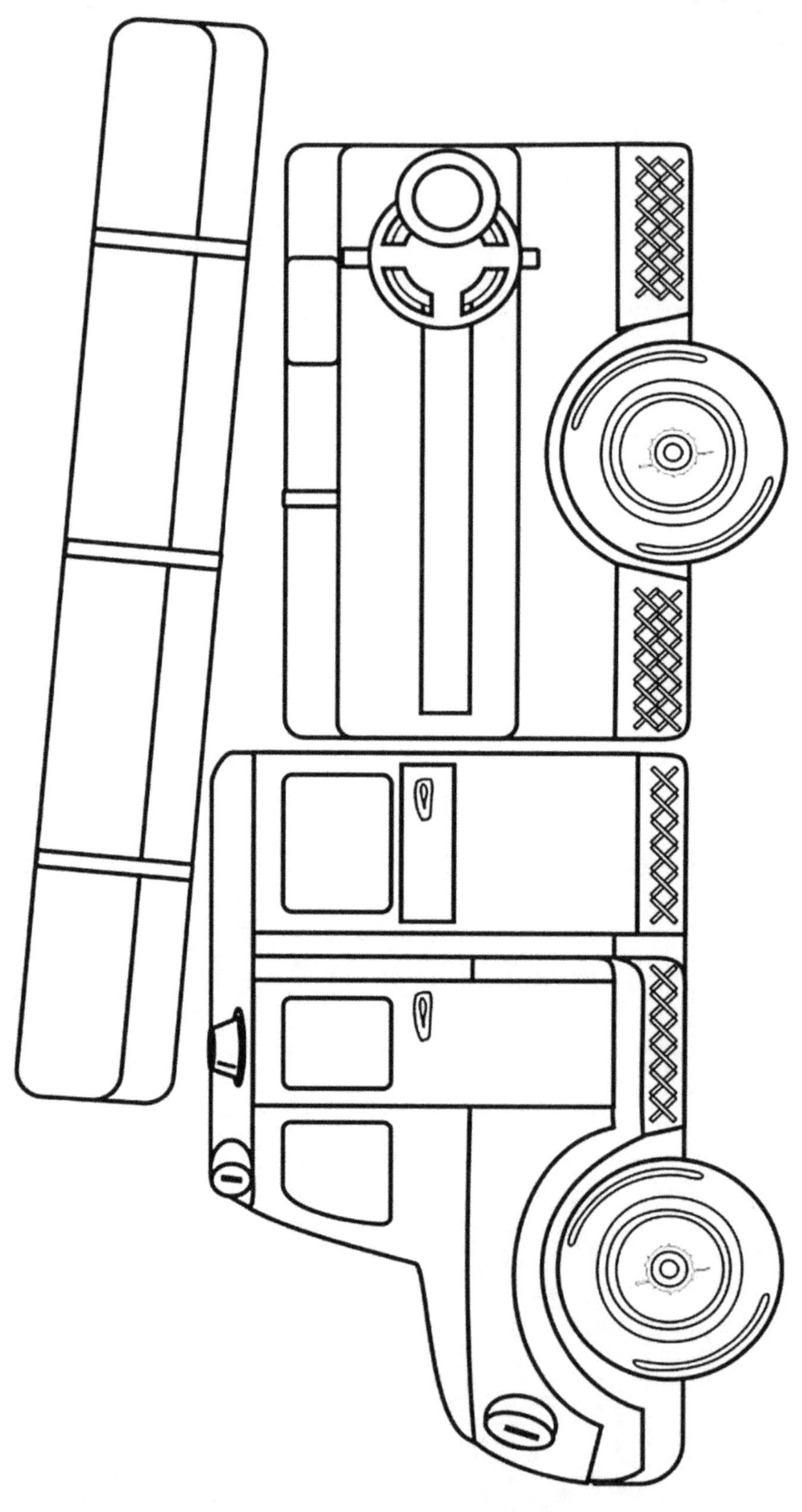

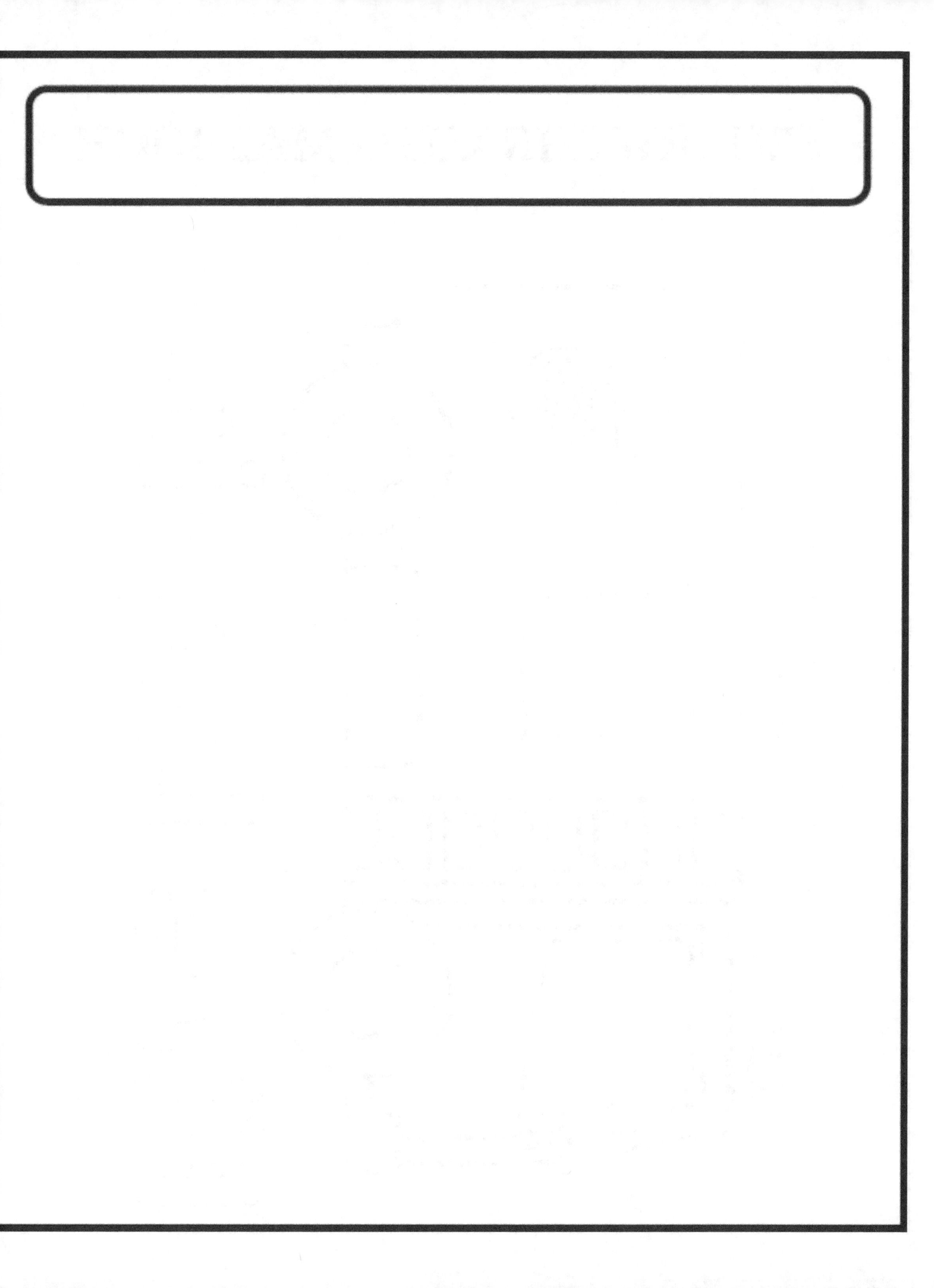

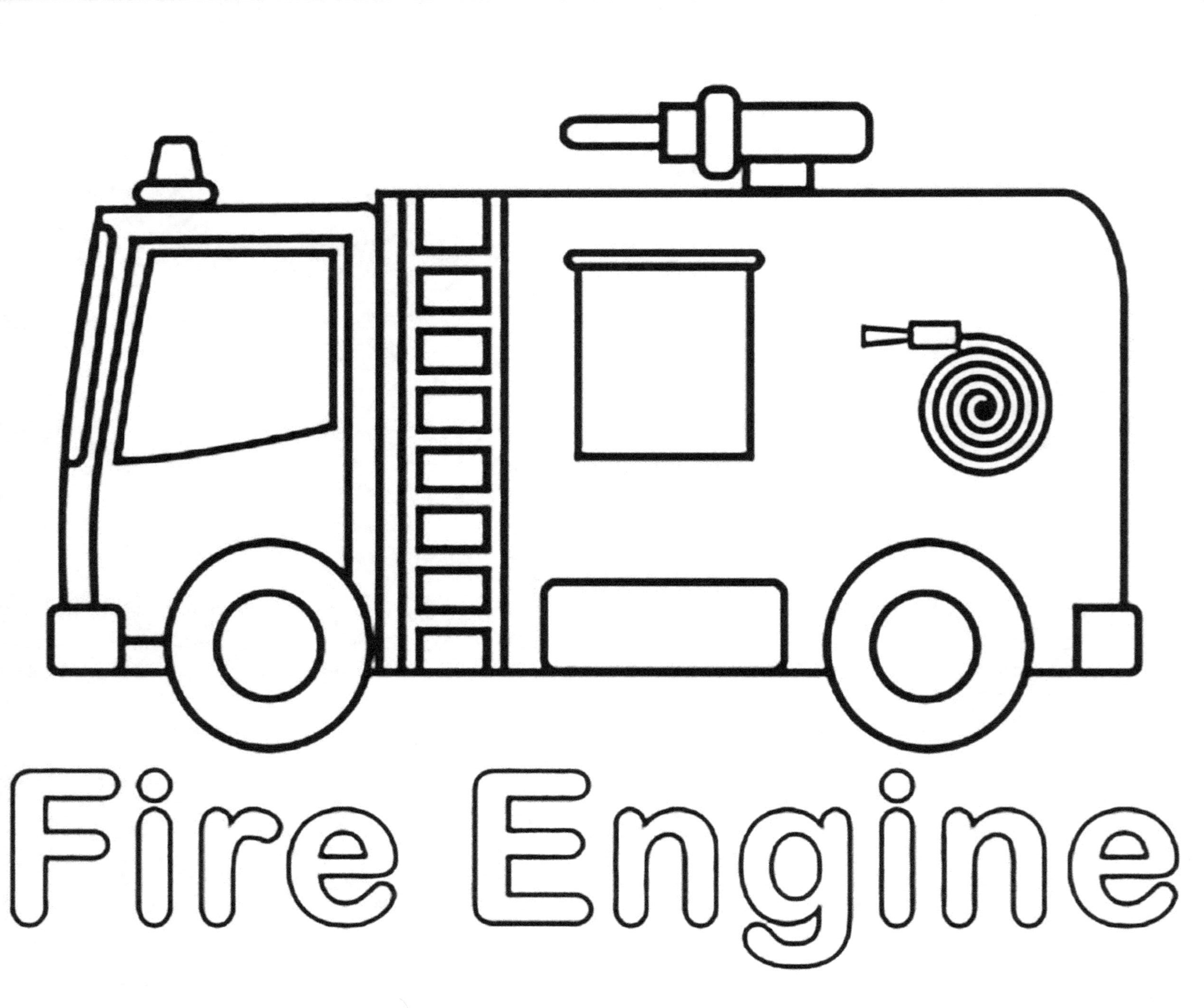

Fire Engine
FEUERWEHRAUTO MALBUCH

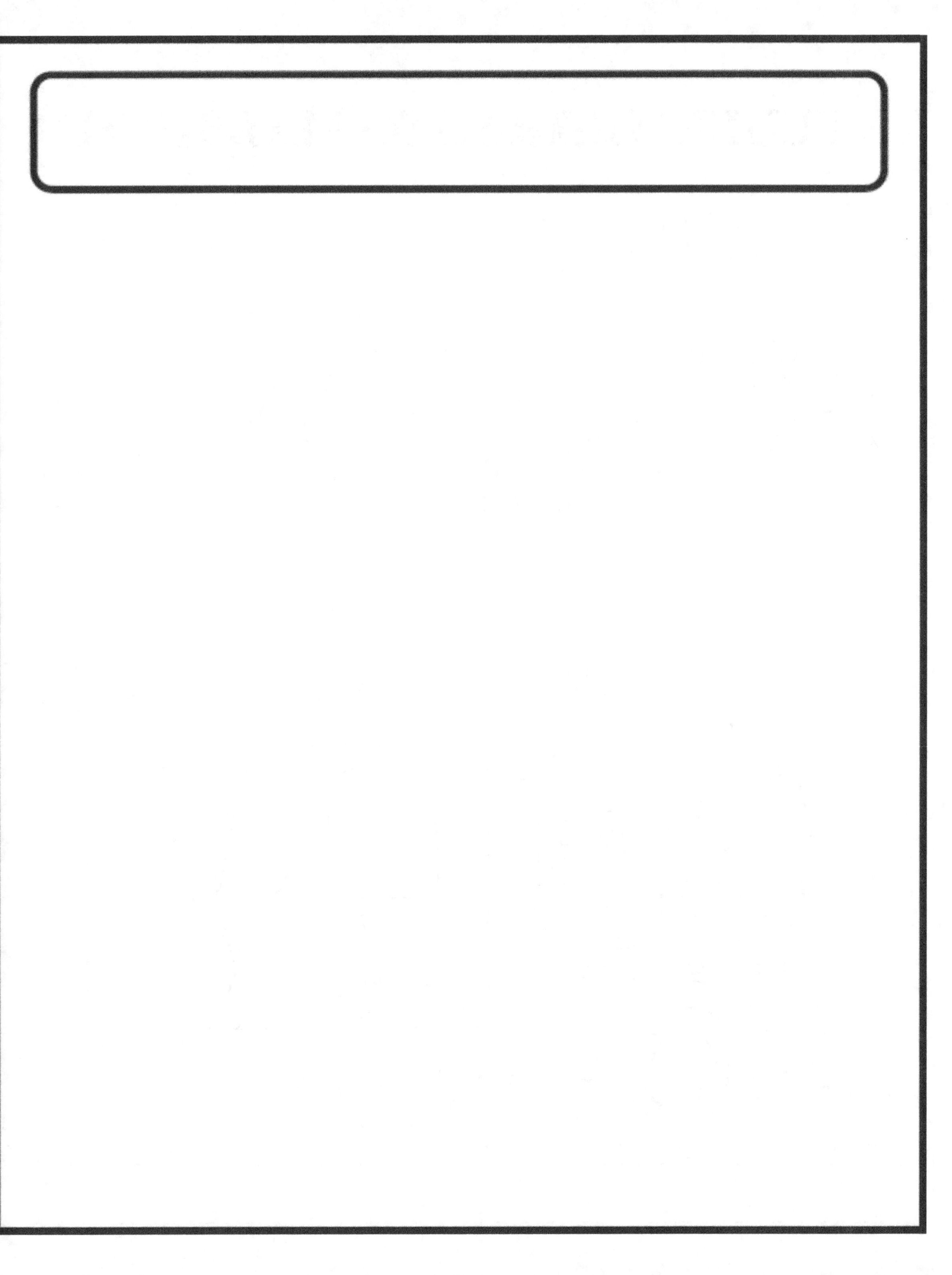

FEUERWEHRAUTO MALBUCH

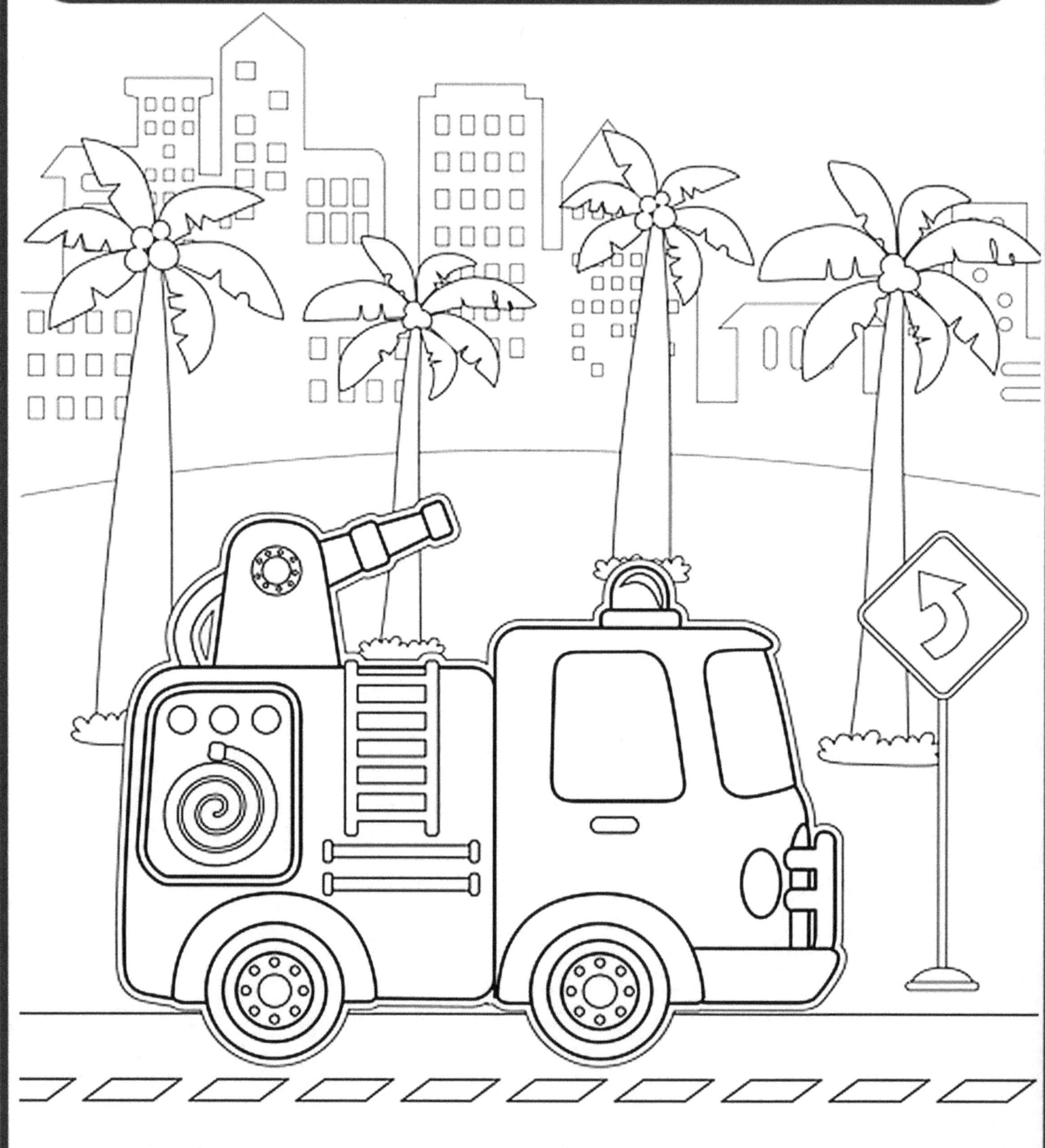

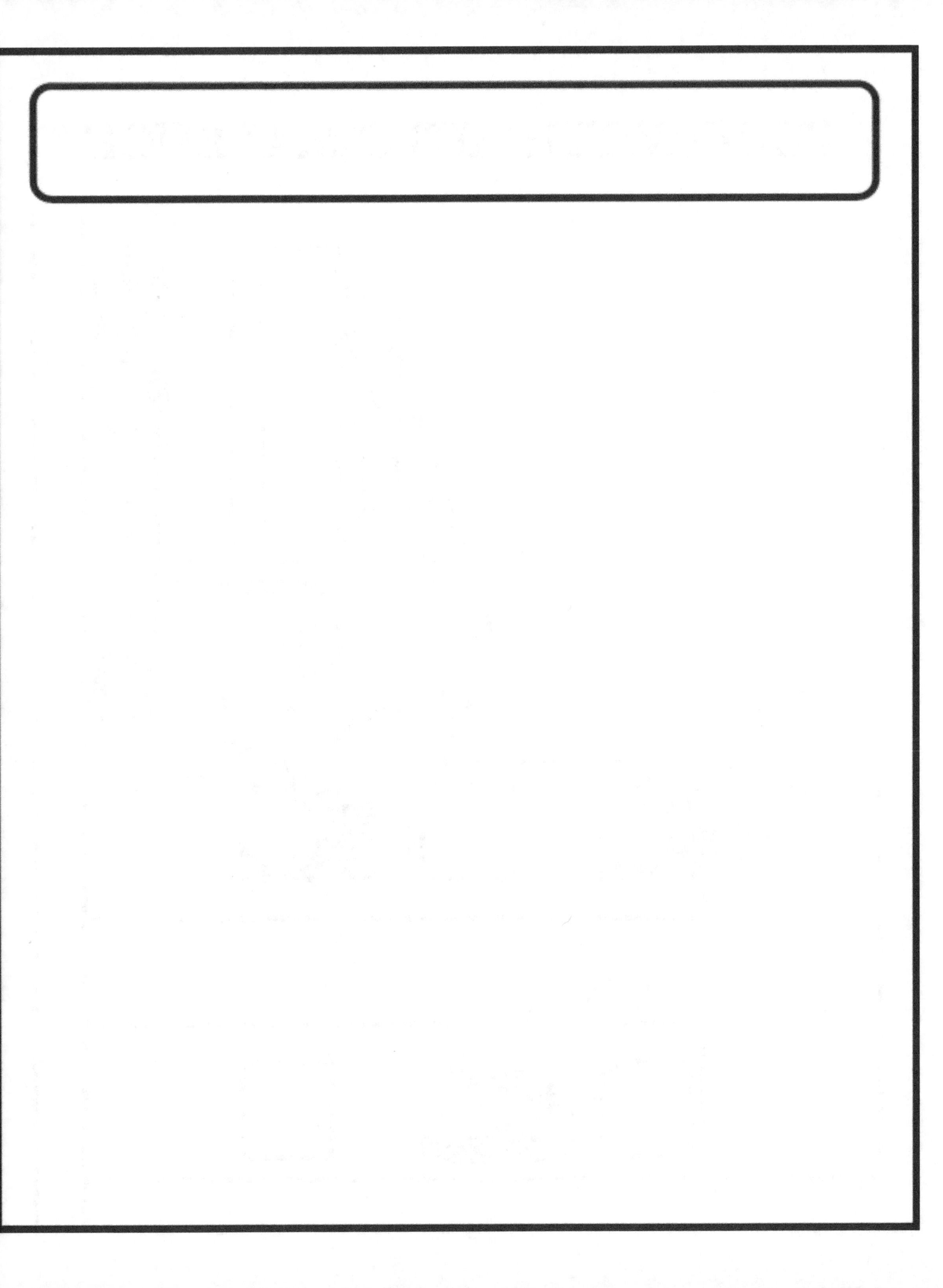

FEUERWEHRAUTO MALBUCH

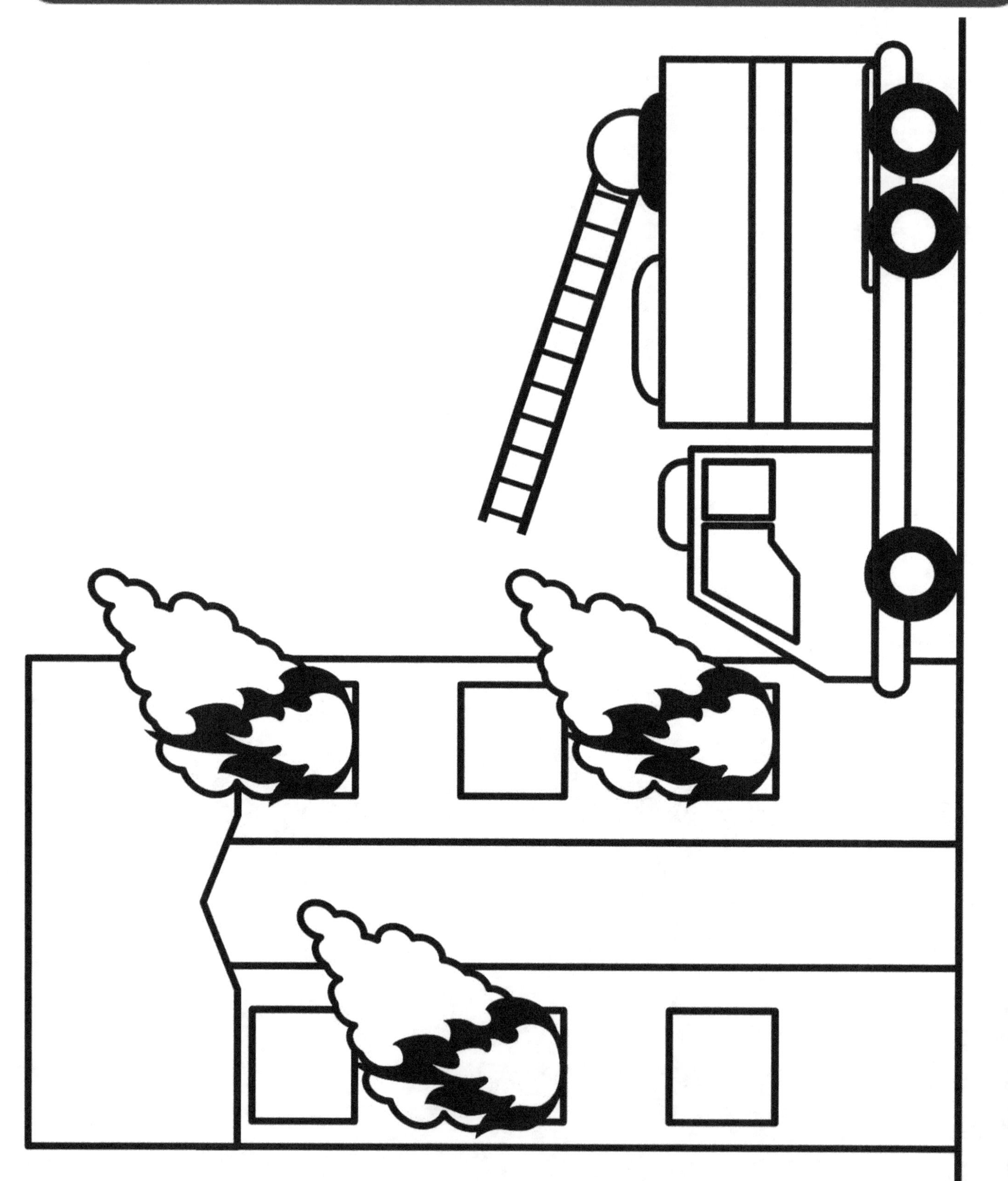

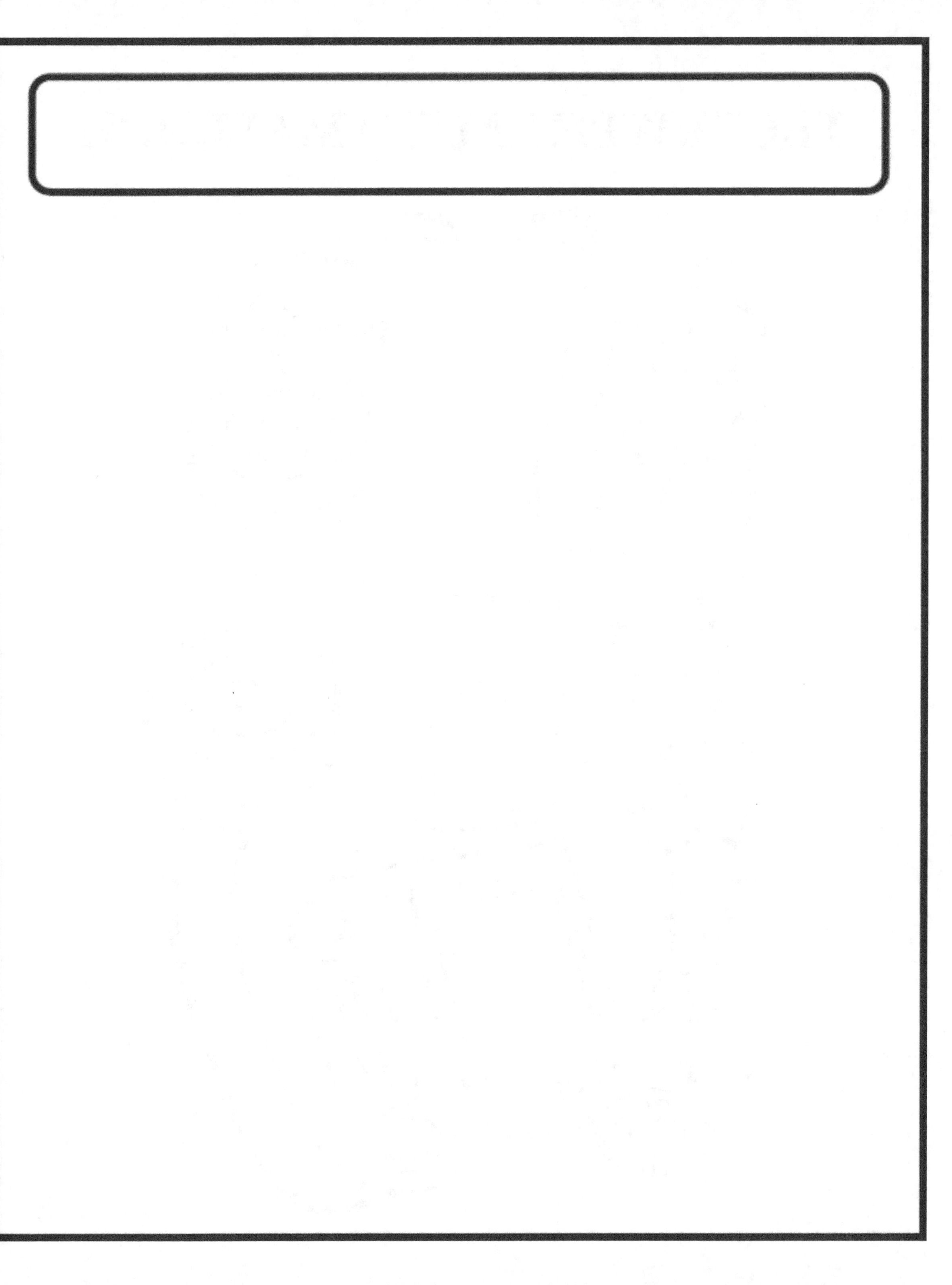

FEUERWEHRAUTO MALBUCH

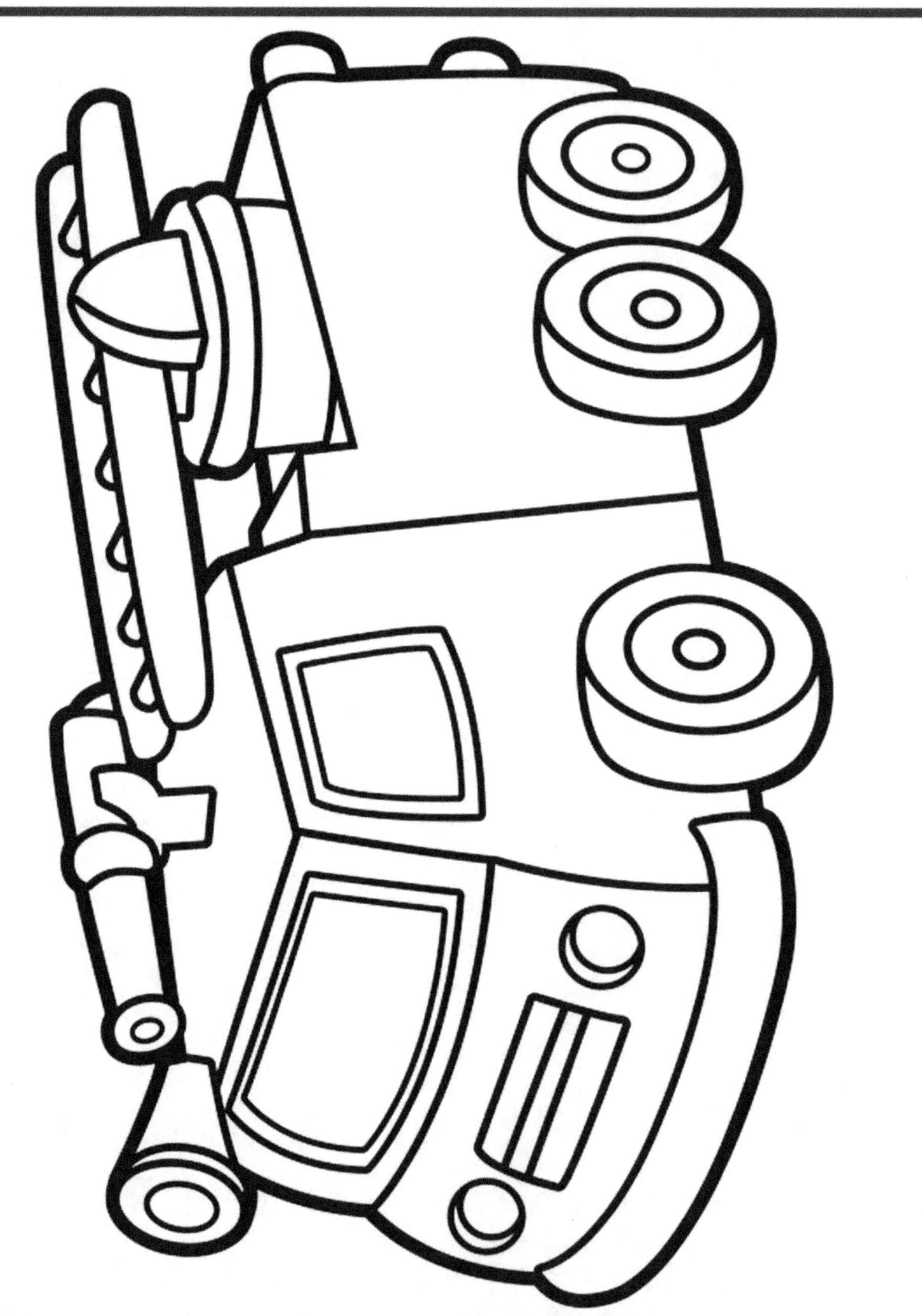

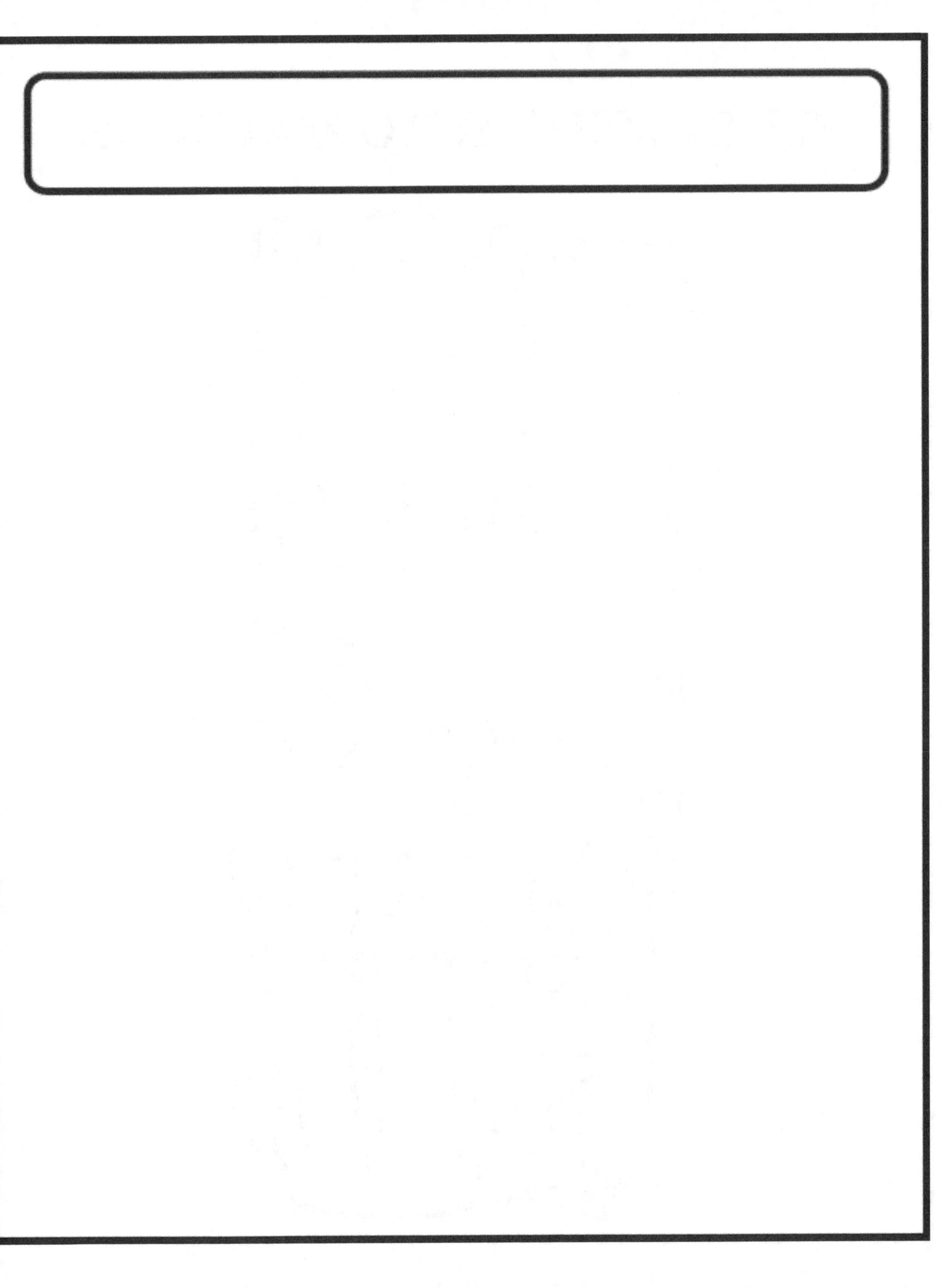

FEUERWEHRAUTO MALBUCH

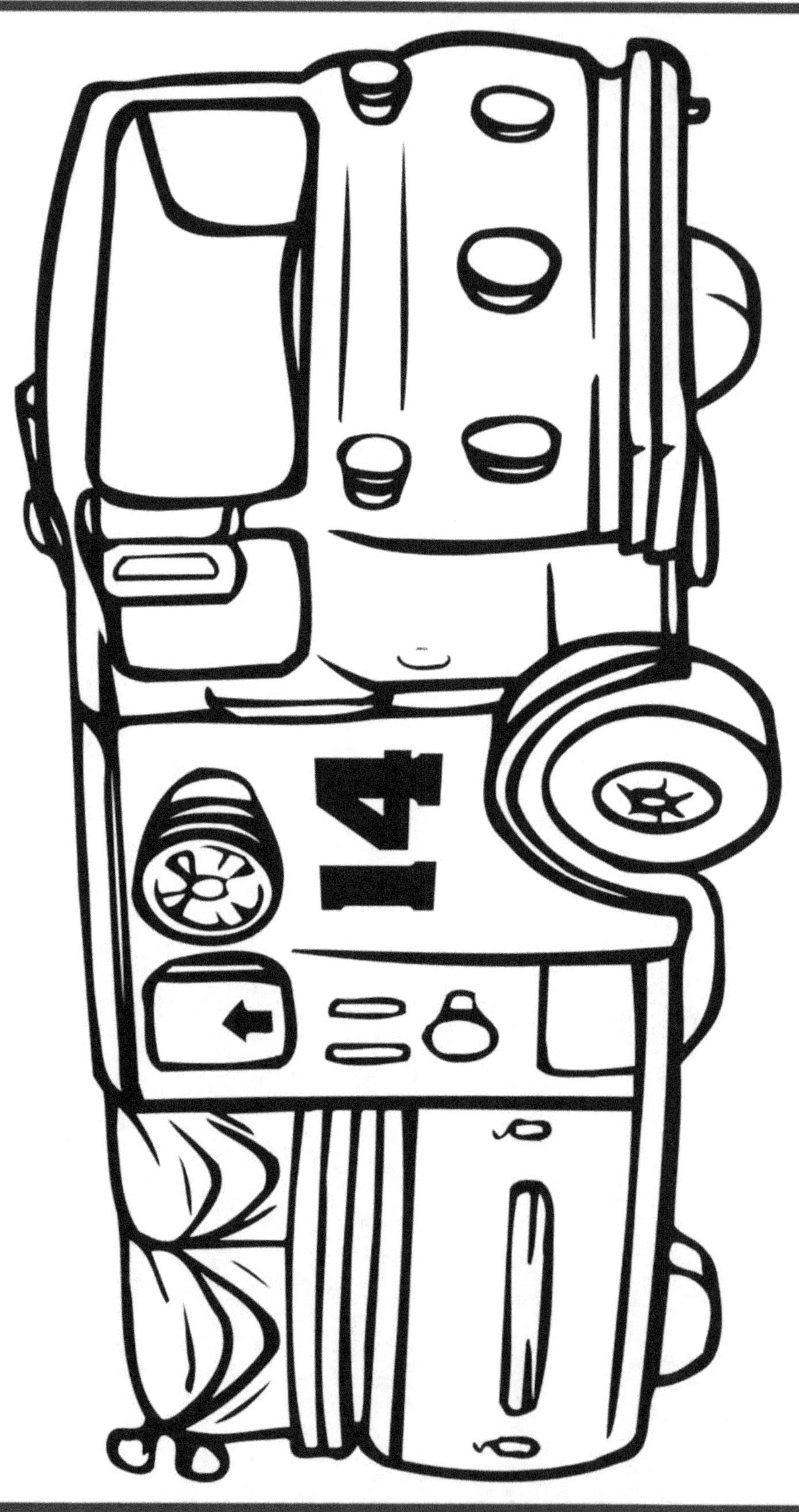

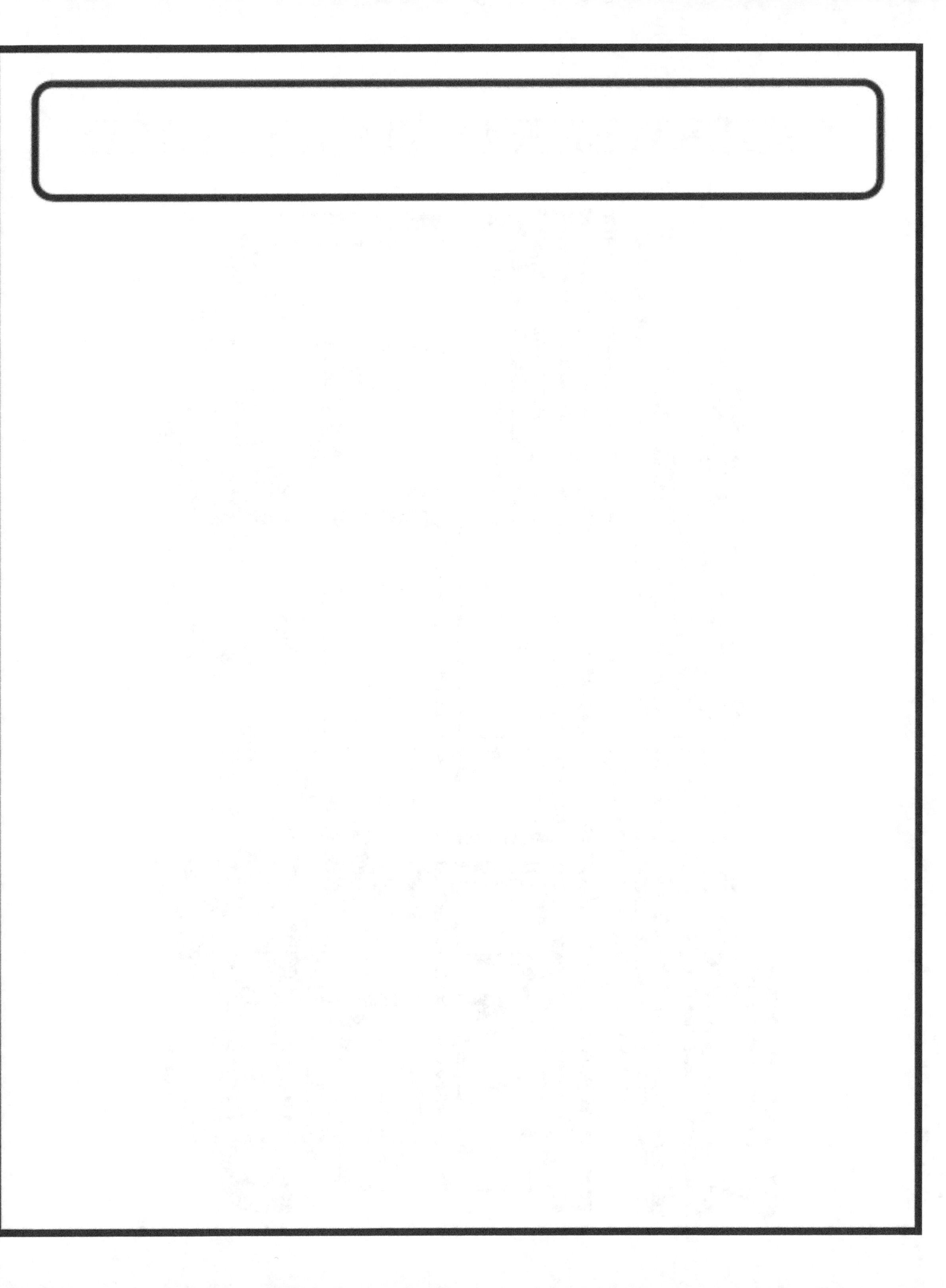

FEUERWEHRAUTO MALBUCH

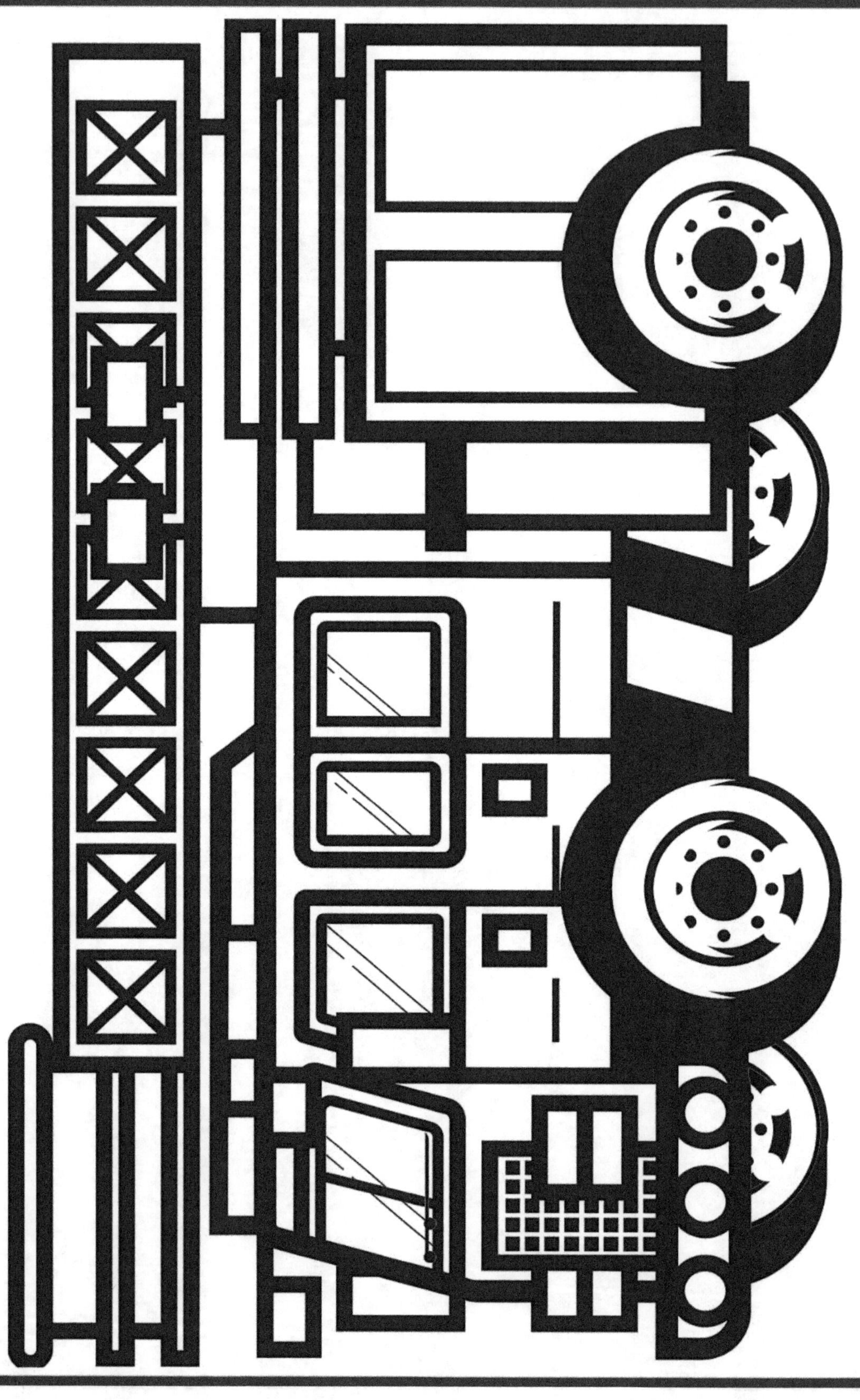

FEUERWEHRAUTO MALBUCH

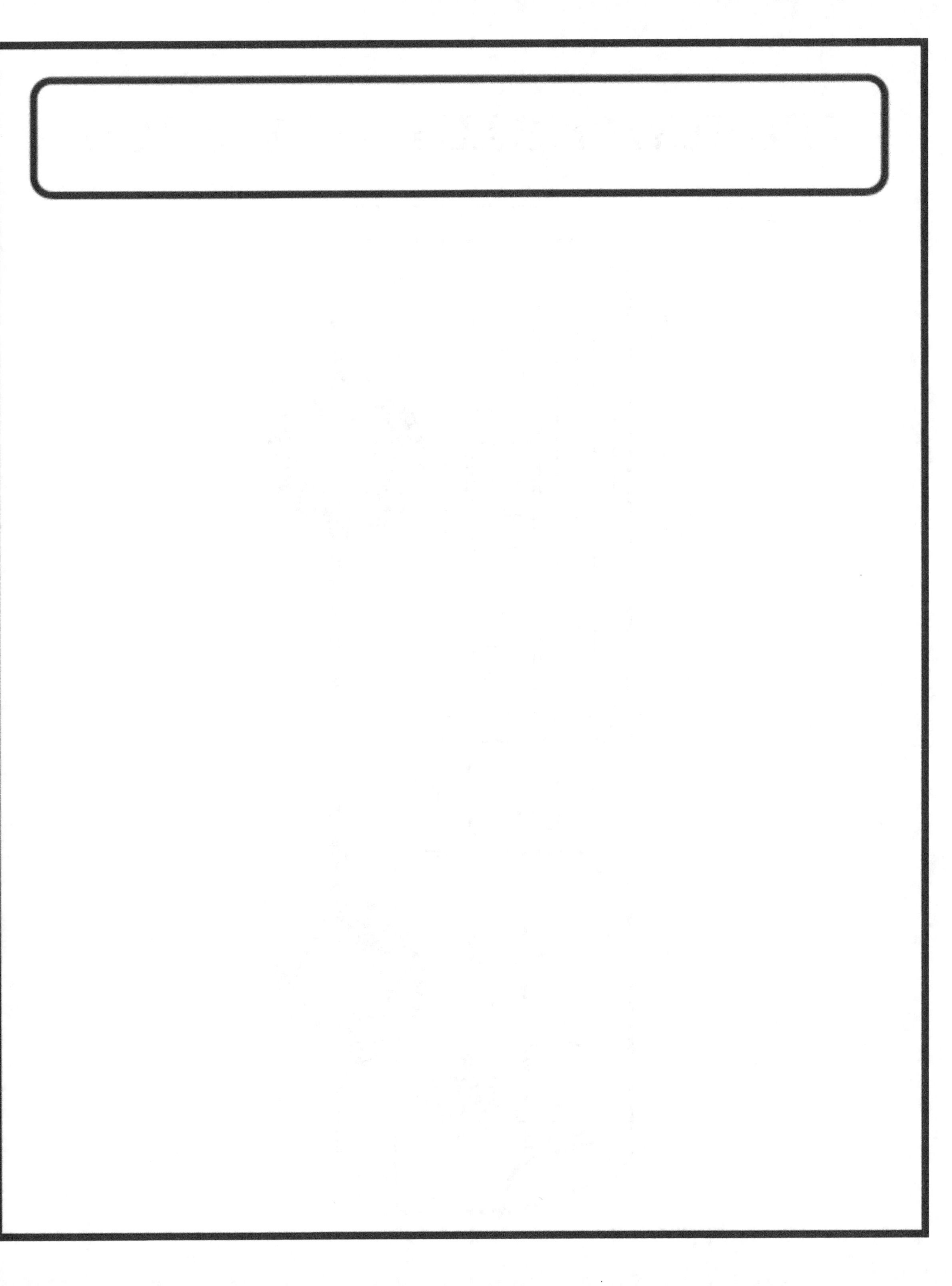

FEUERWEHRAUTO MALBUCH

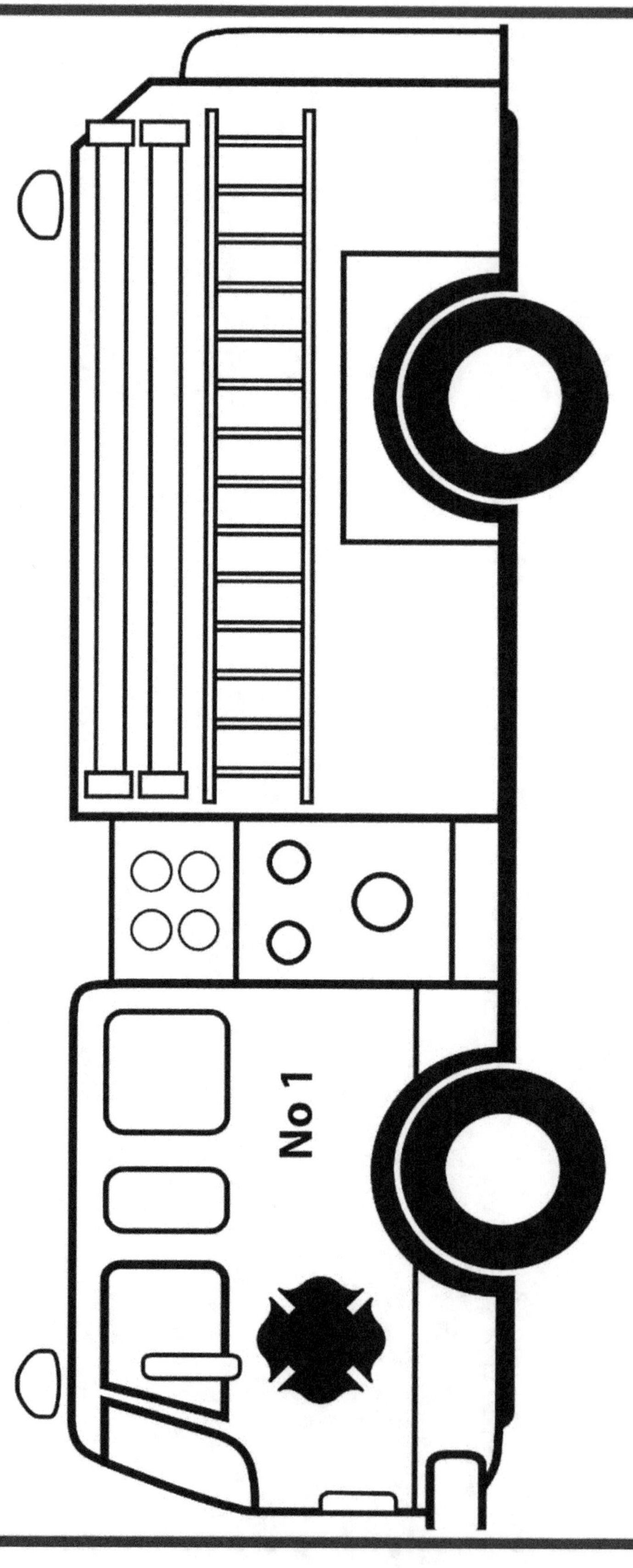

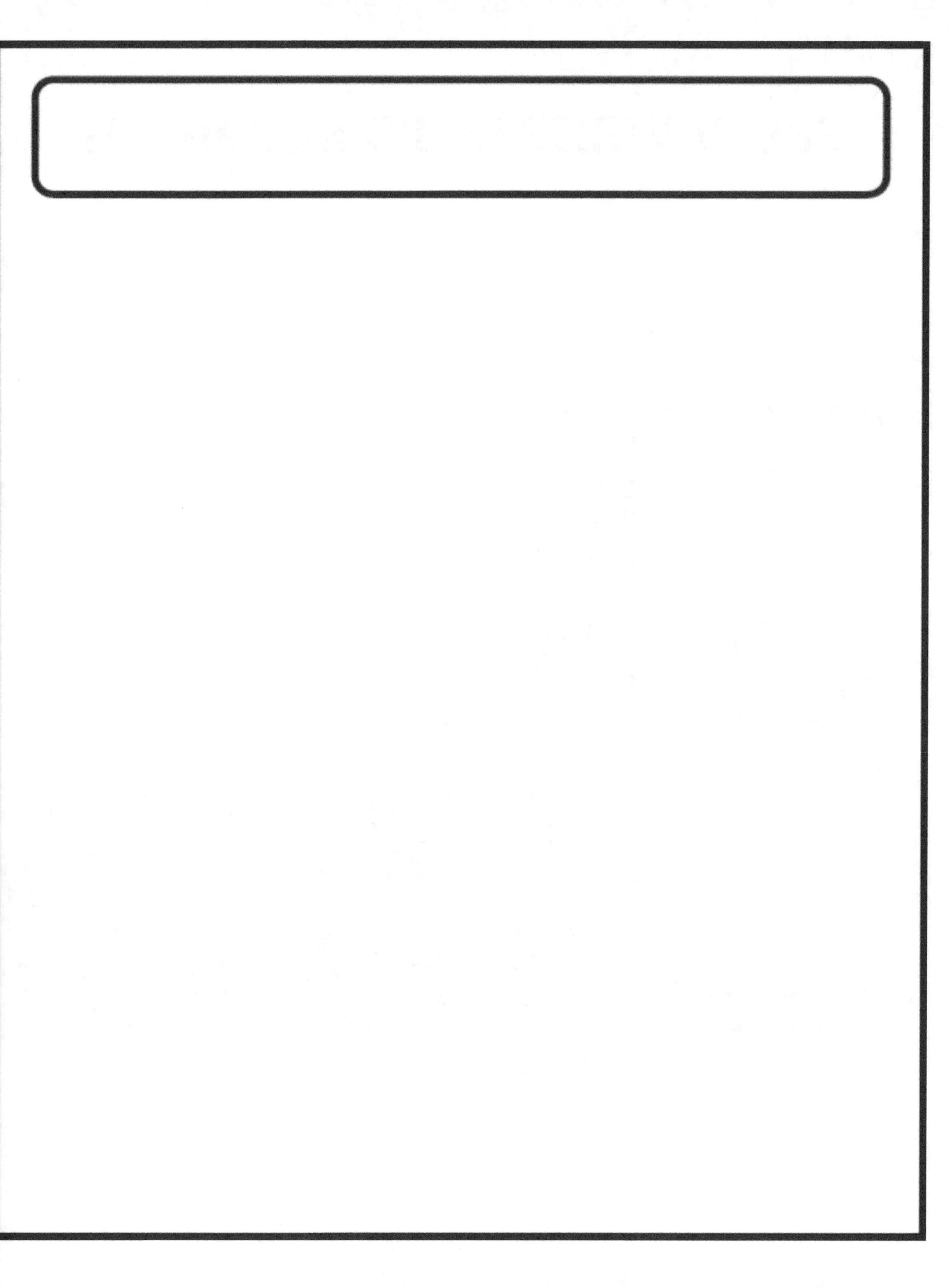

FEUERWEHRAUTO MALBUCH

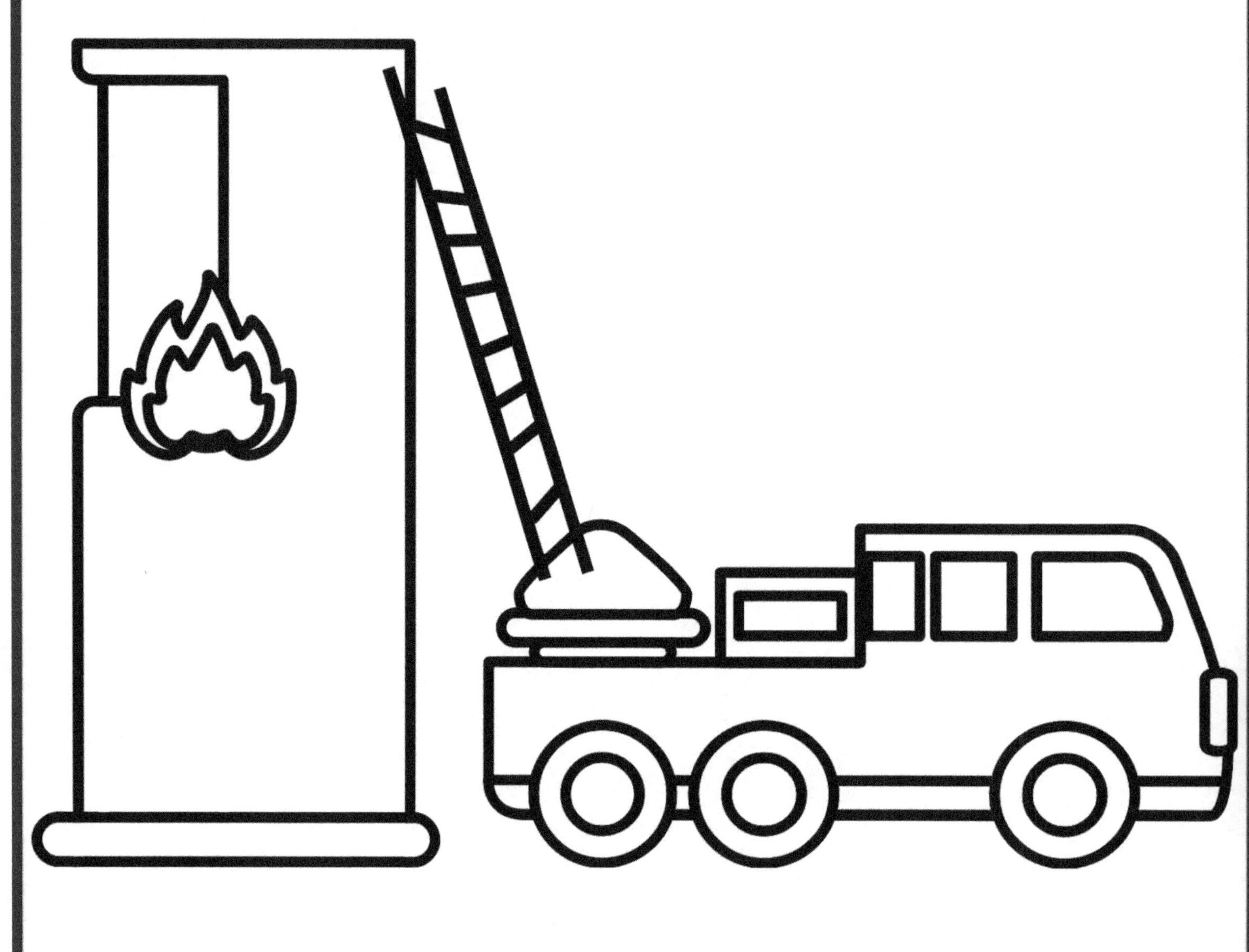

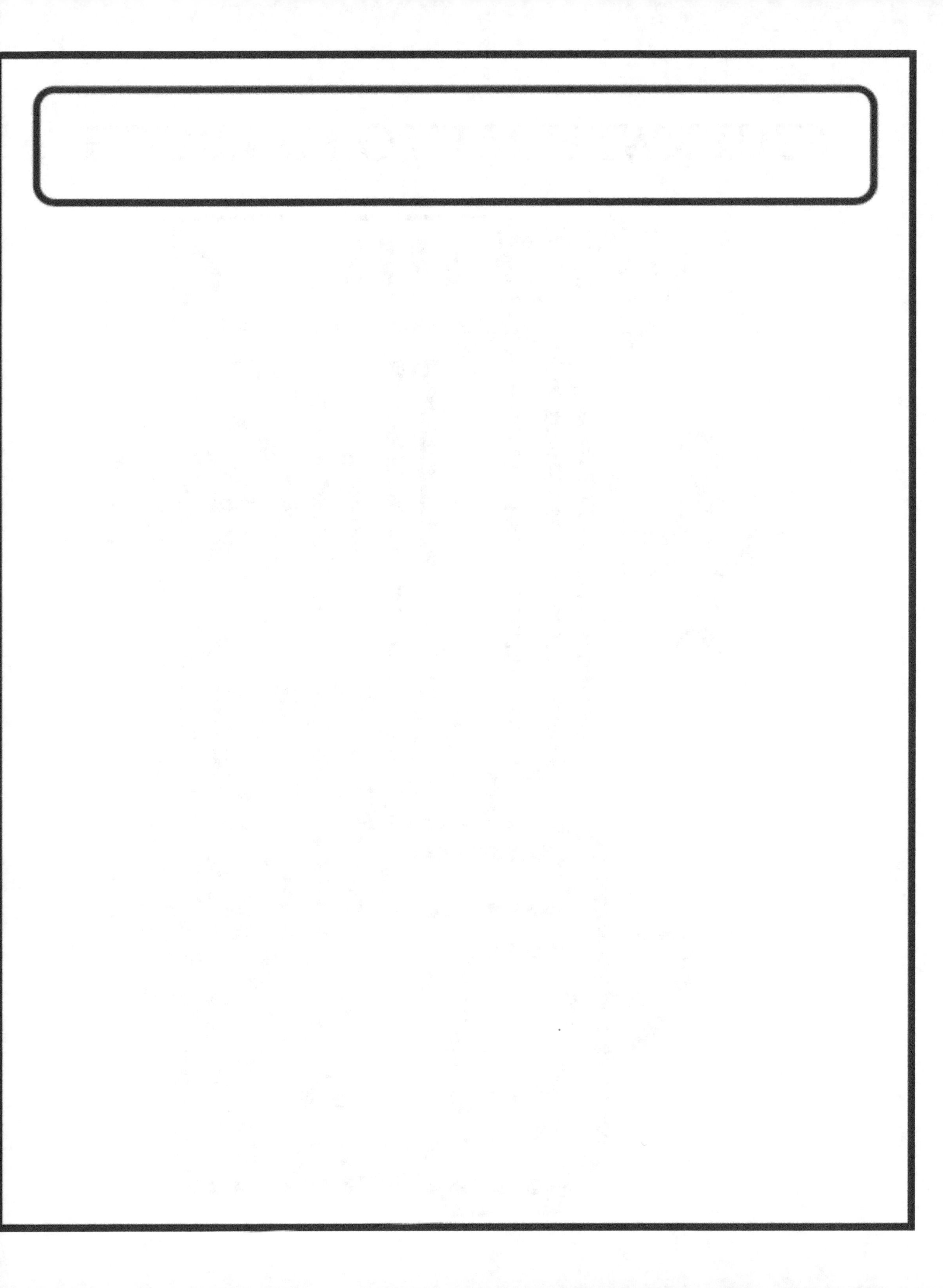

FEUERWEHRAUTO MALBUCH

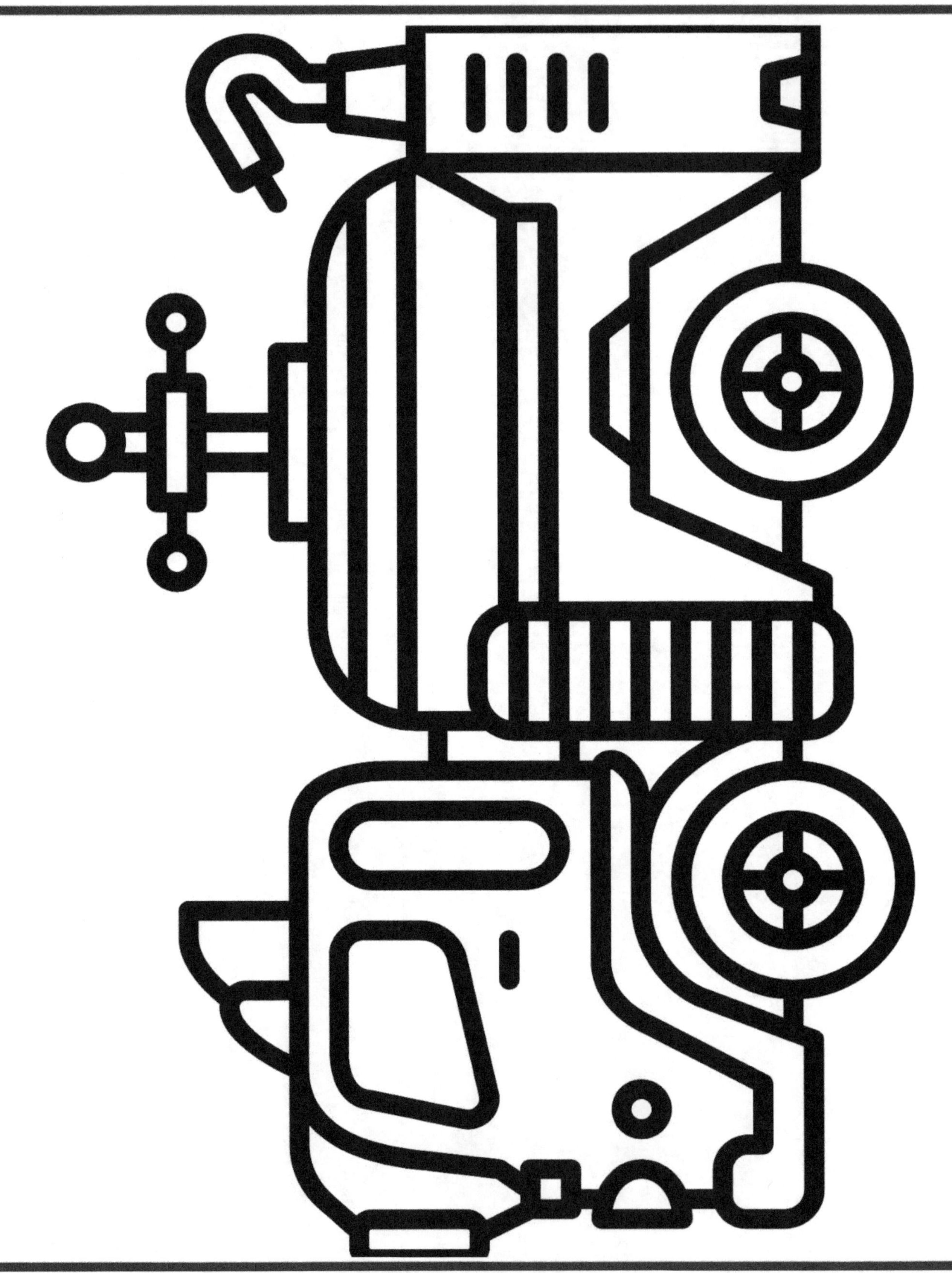

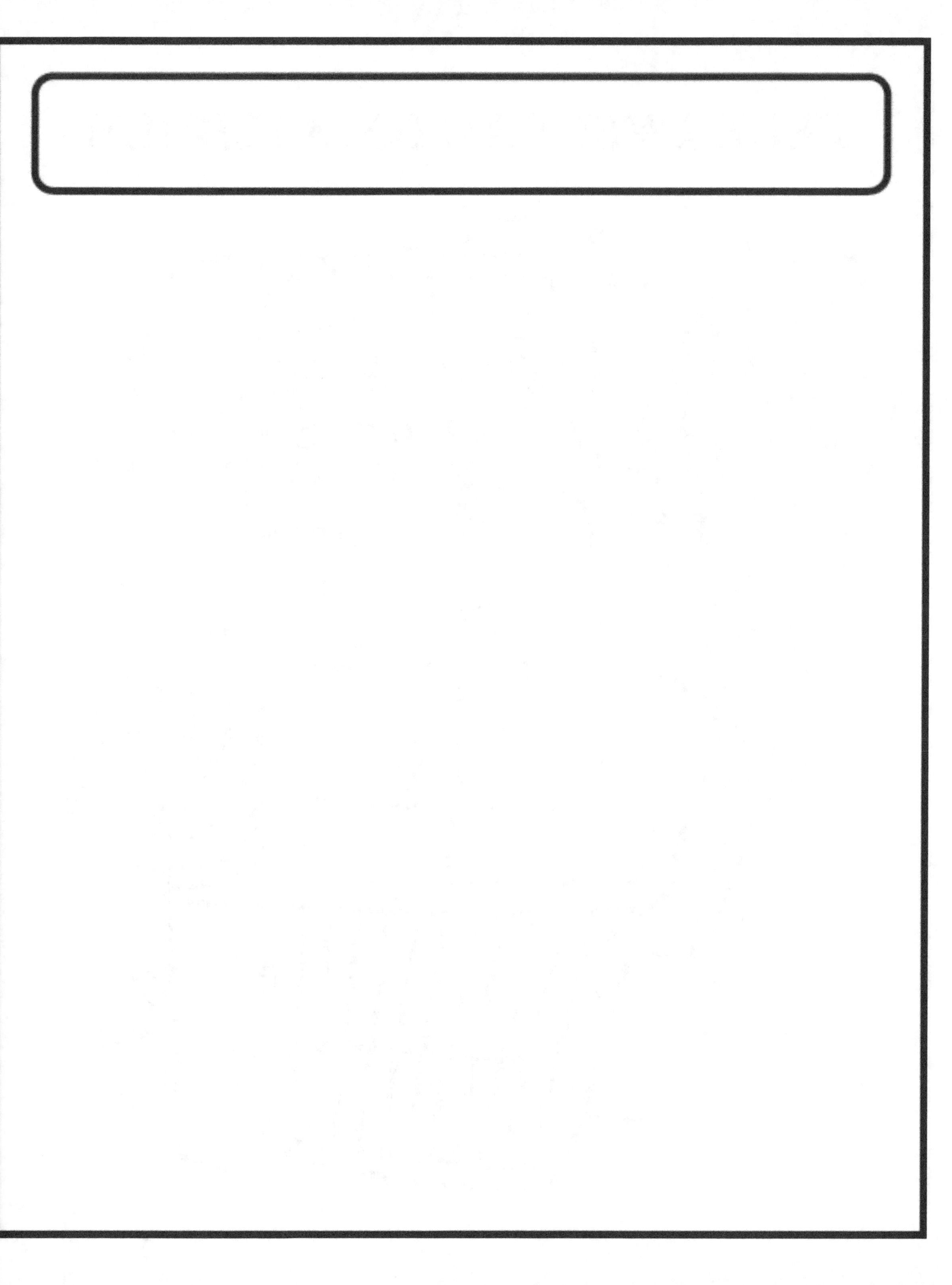

FEUERWEHRAUTO MALBUCH

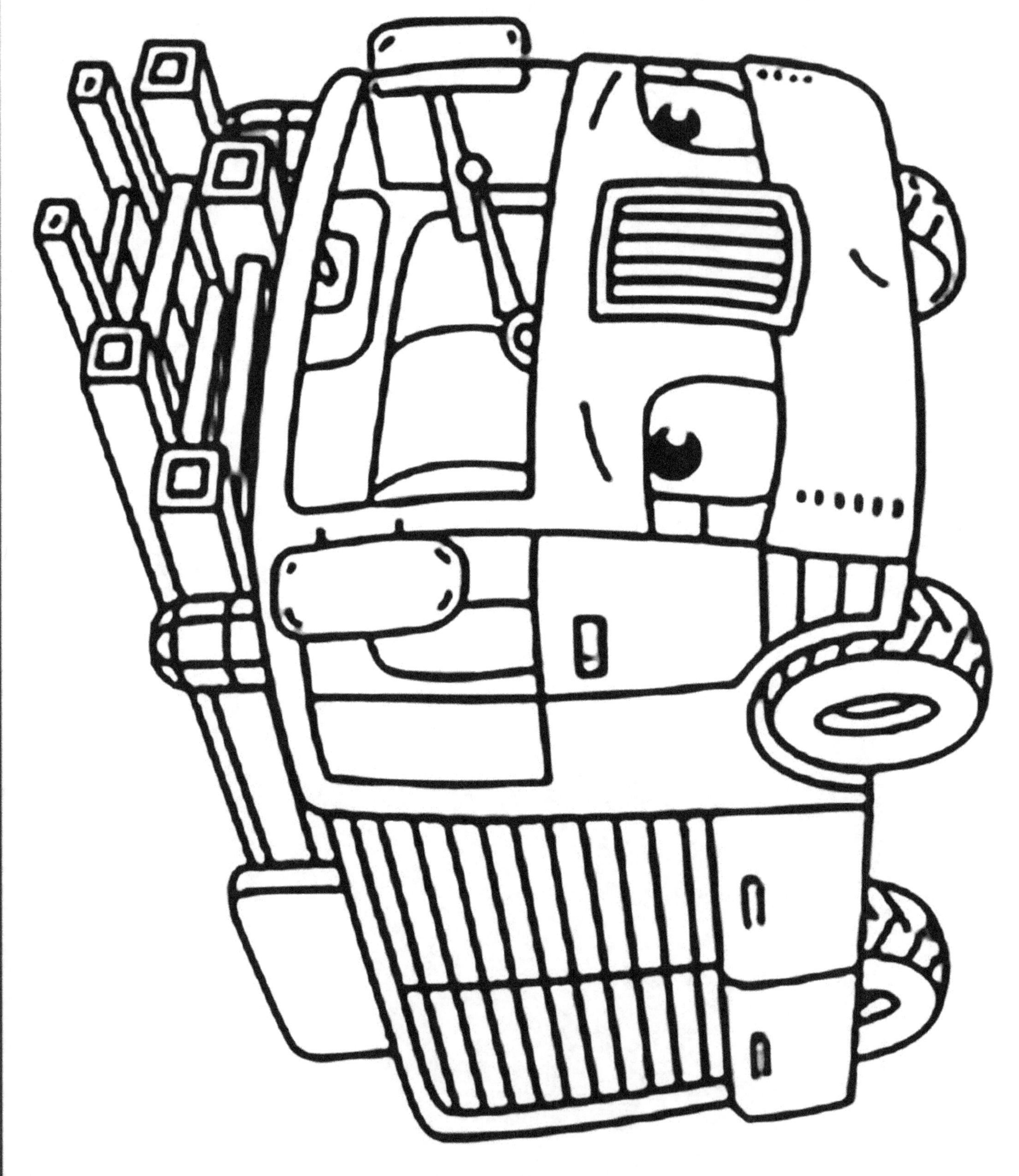

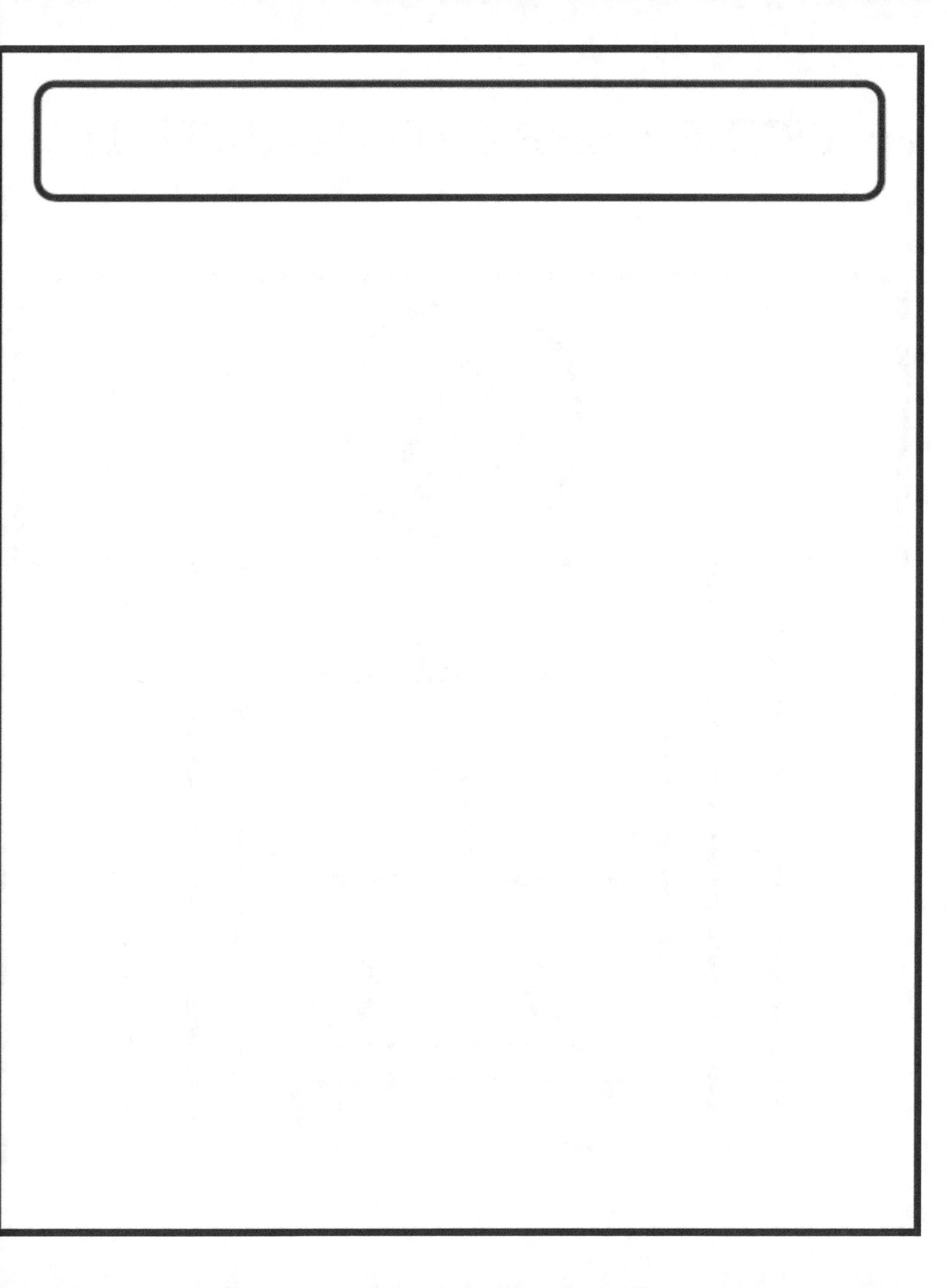

FEUERWEHRAUTO MALBUCH

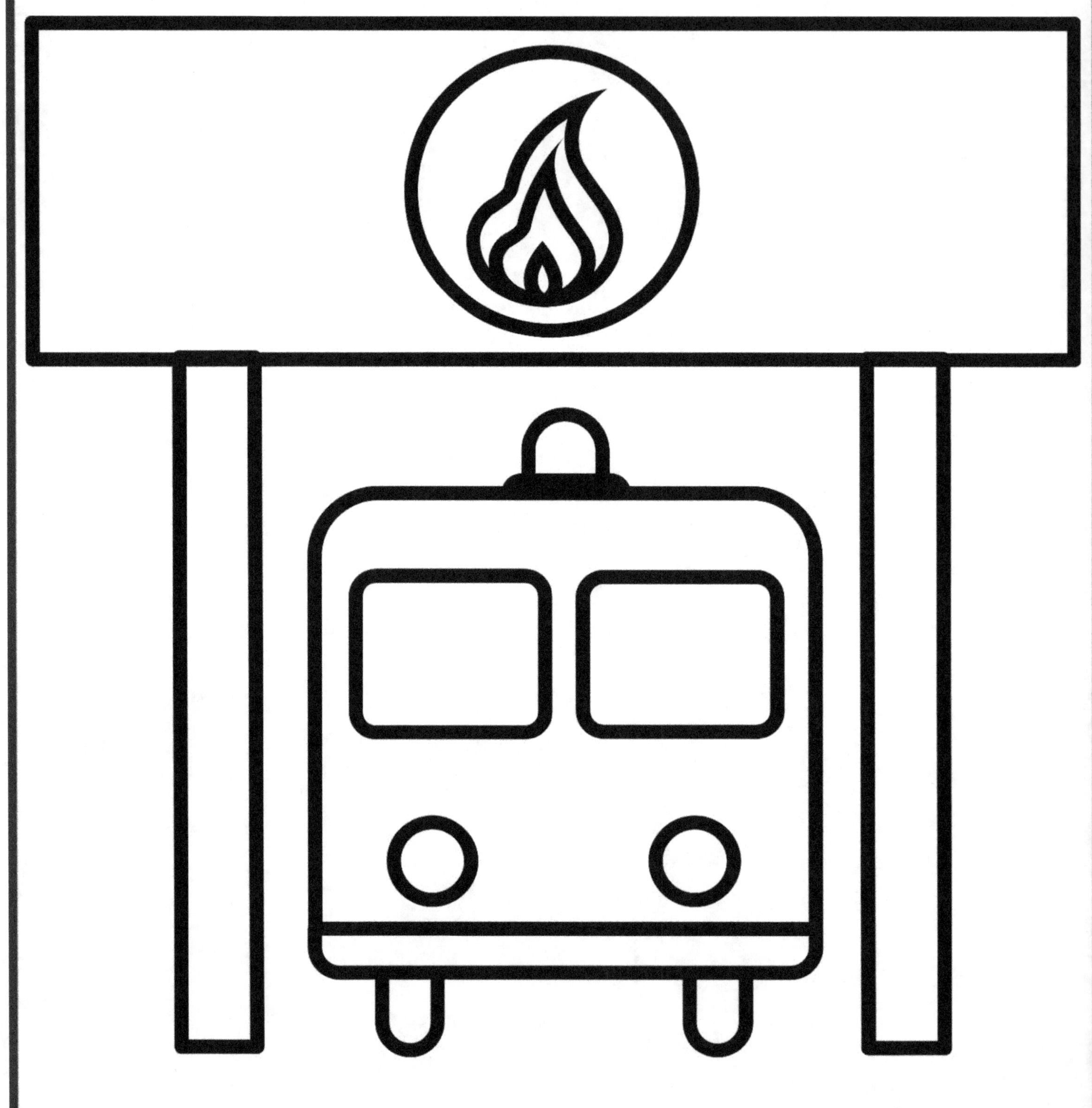

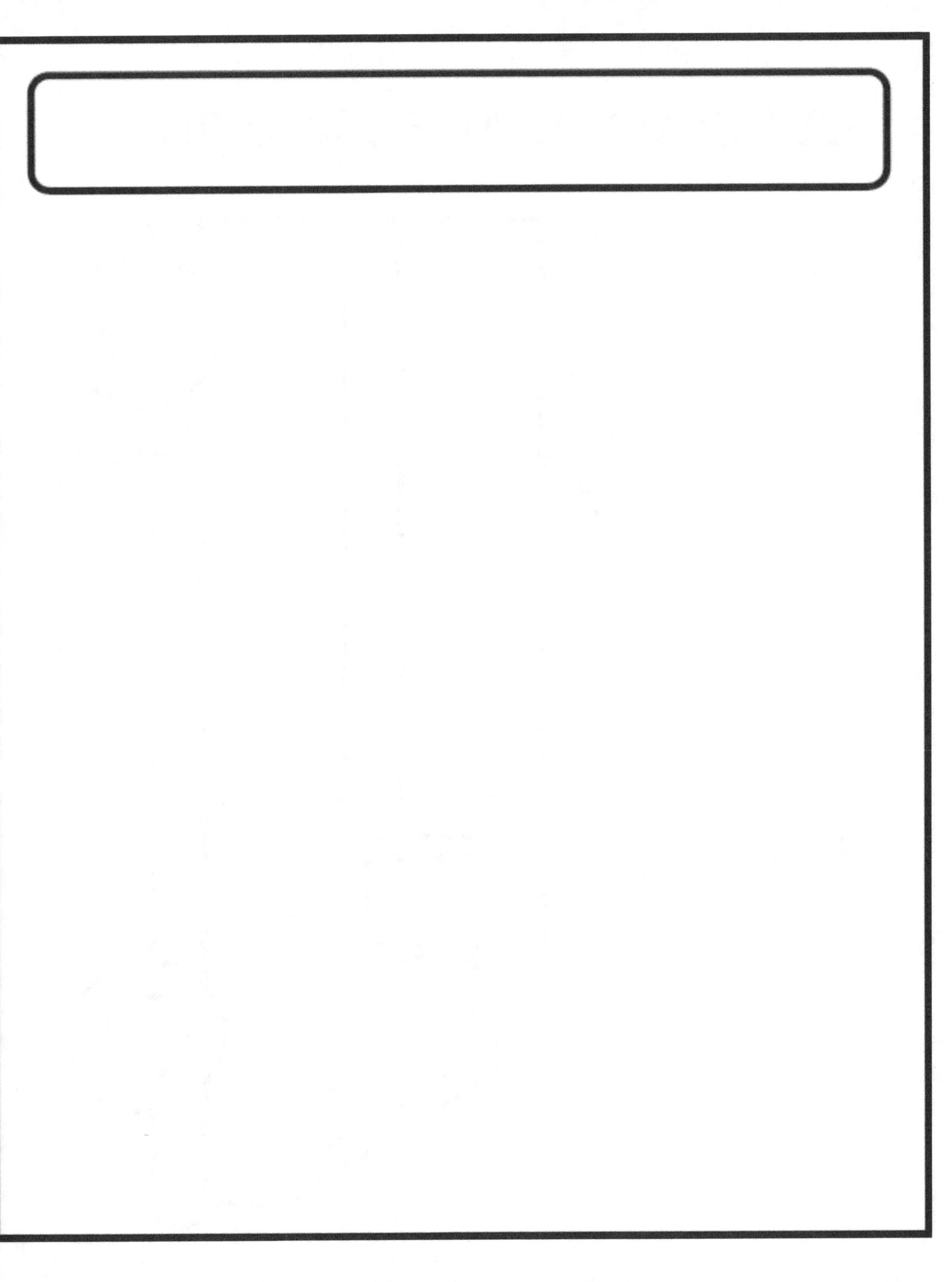

FEUERWEHRAUTO MALBUCH

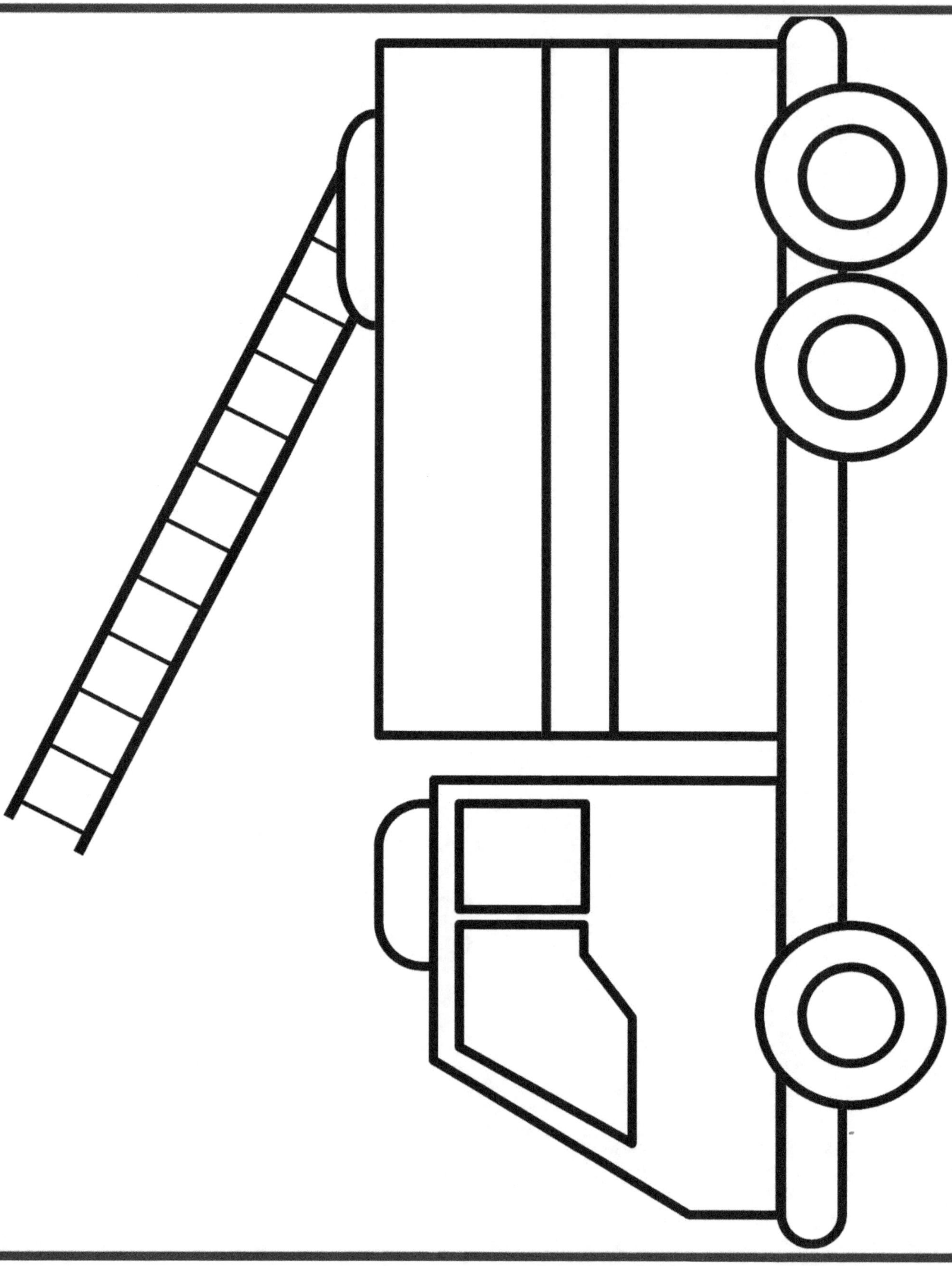

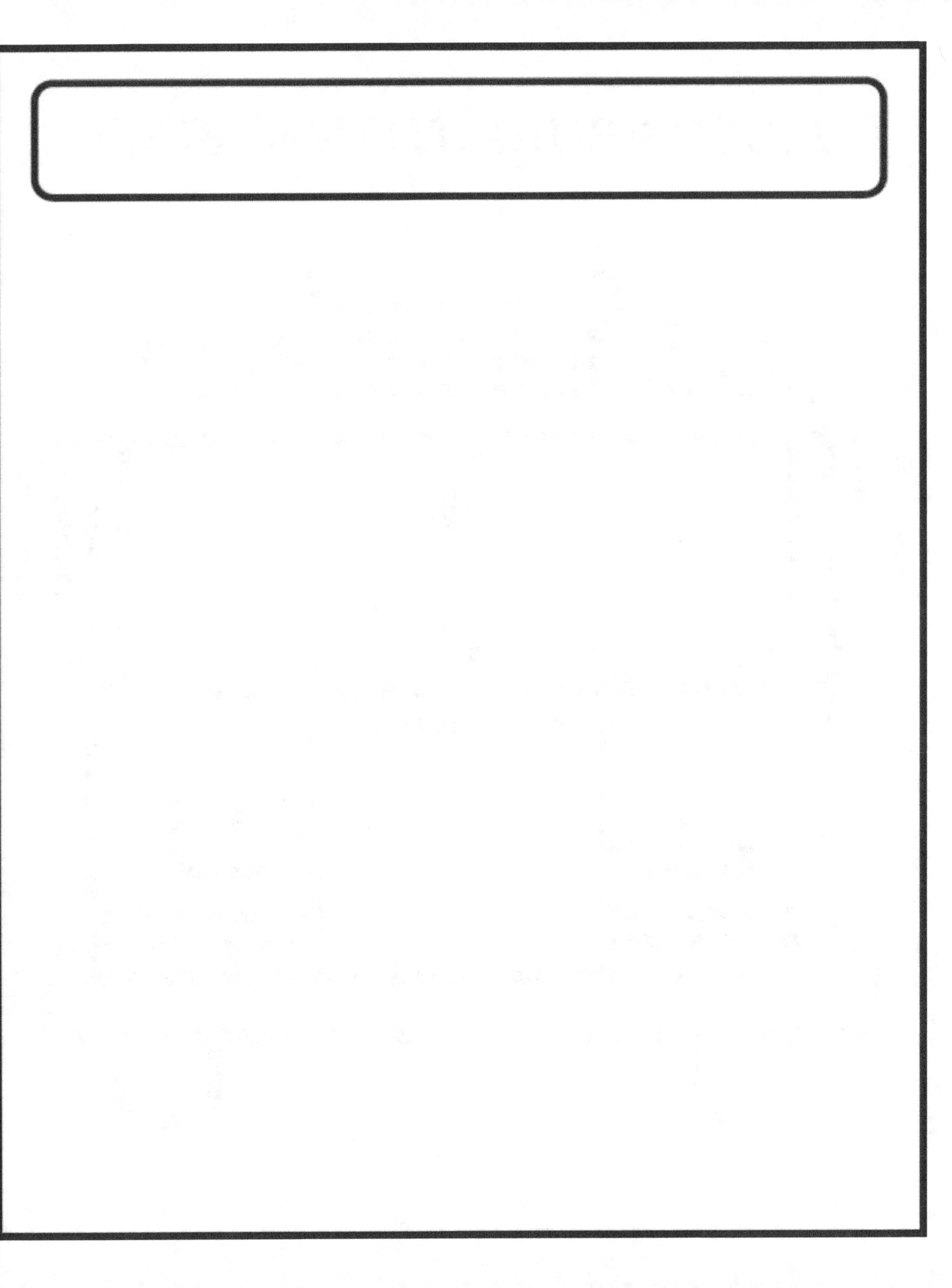

FEUERWEHRAUTO MALBUCH

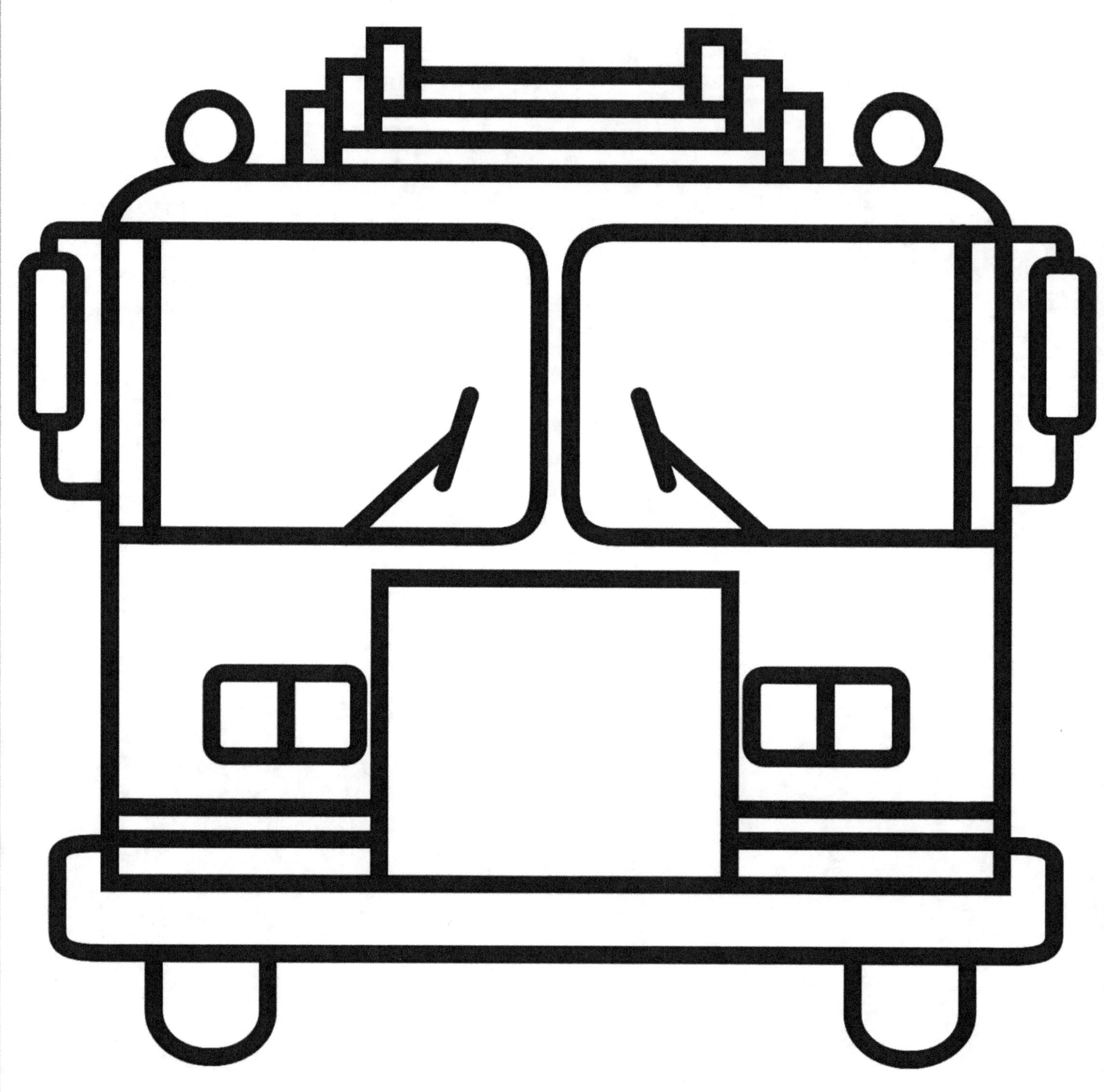

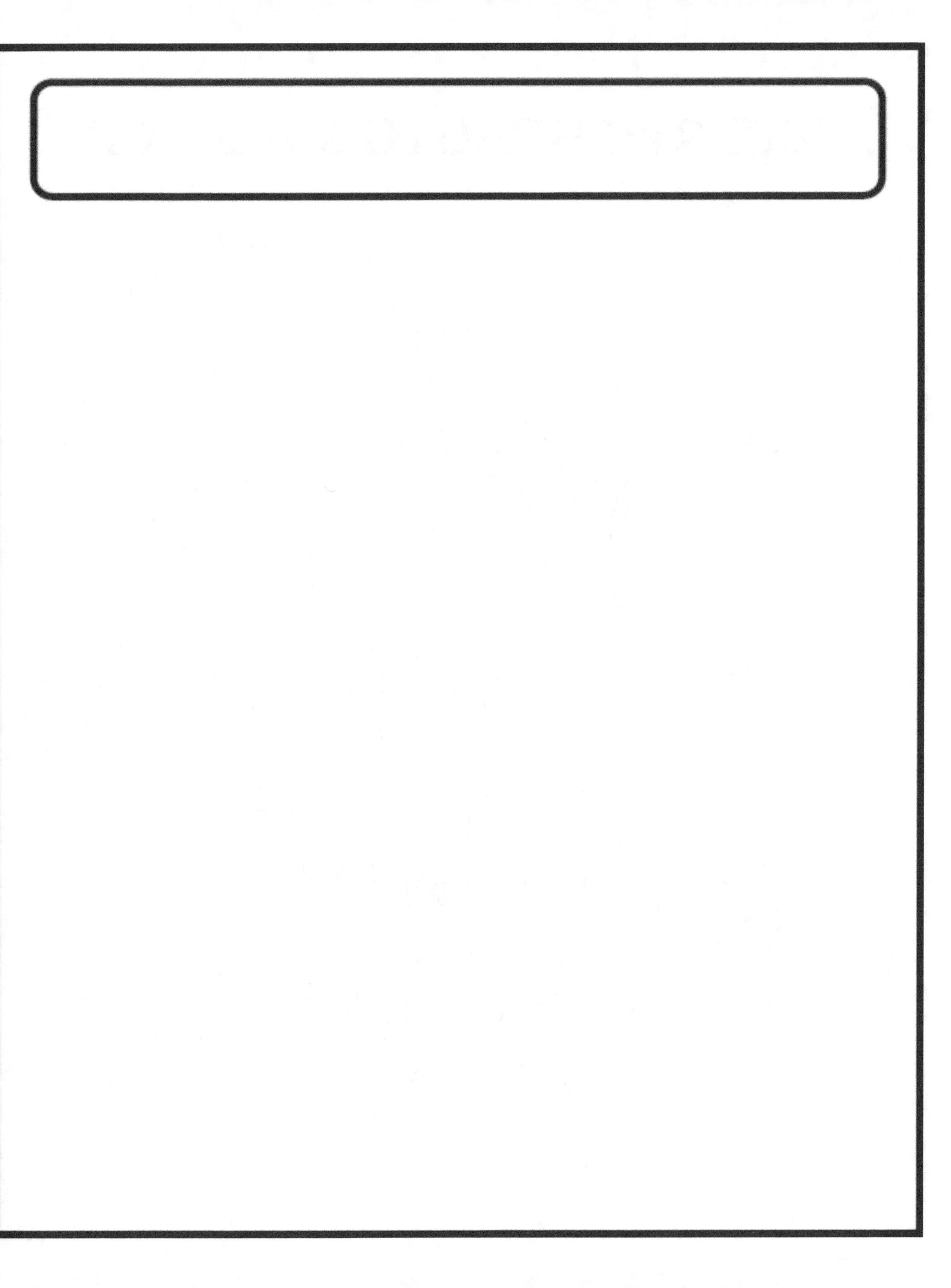

FEUERWEHRAUTO MALBUCH

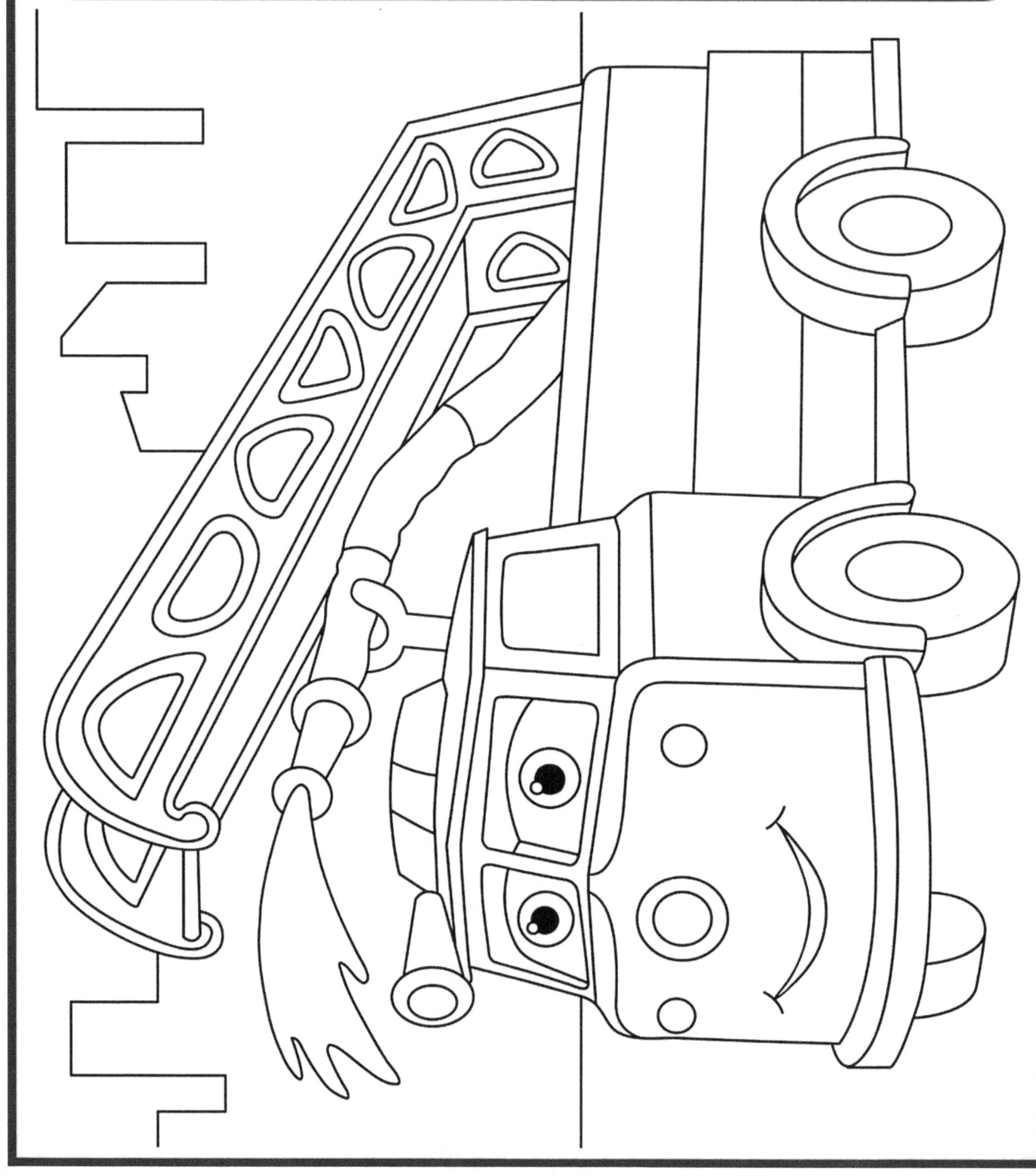

FEUERWEHRAUTO MALBUCH

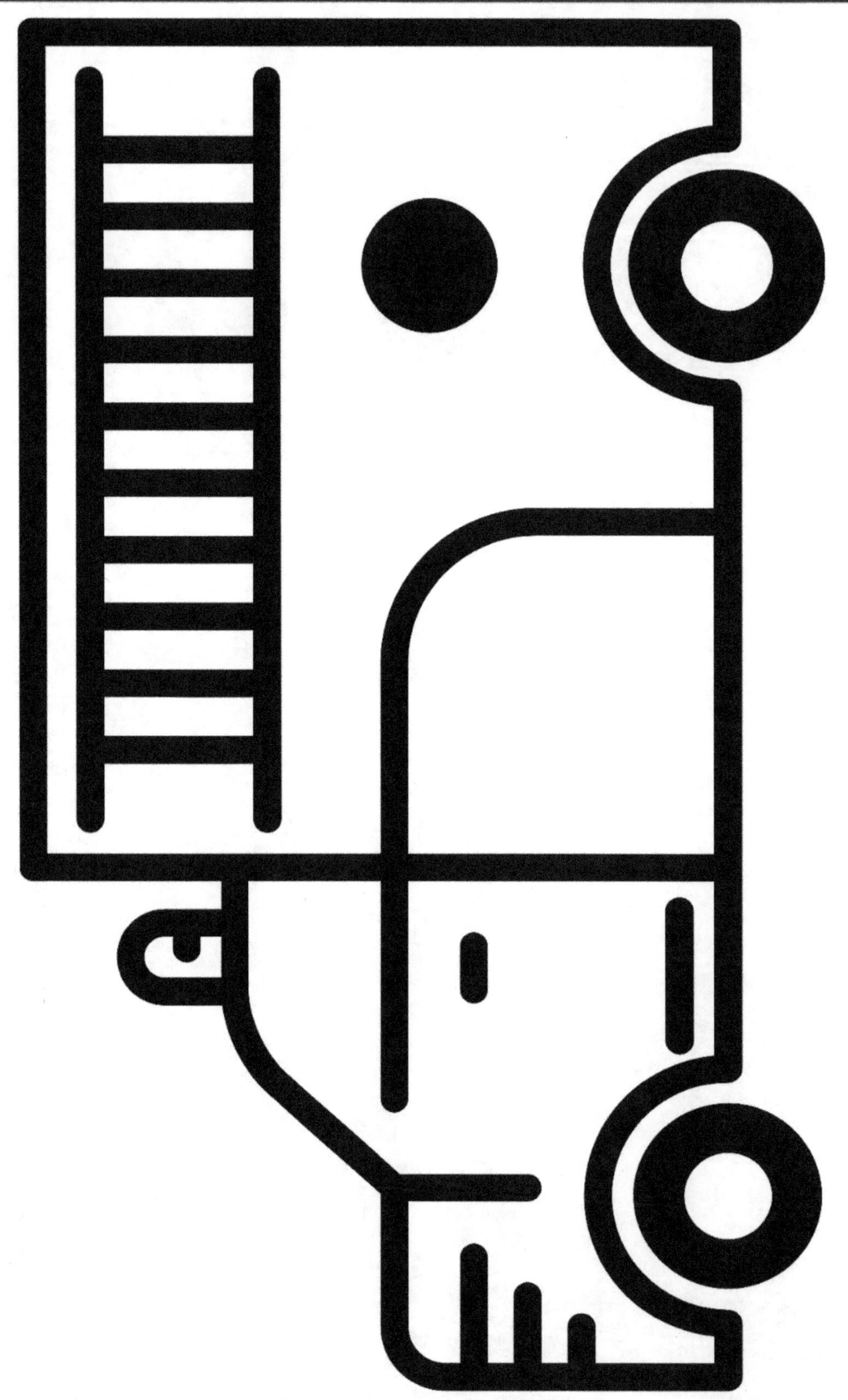

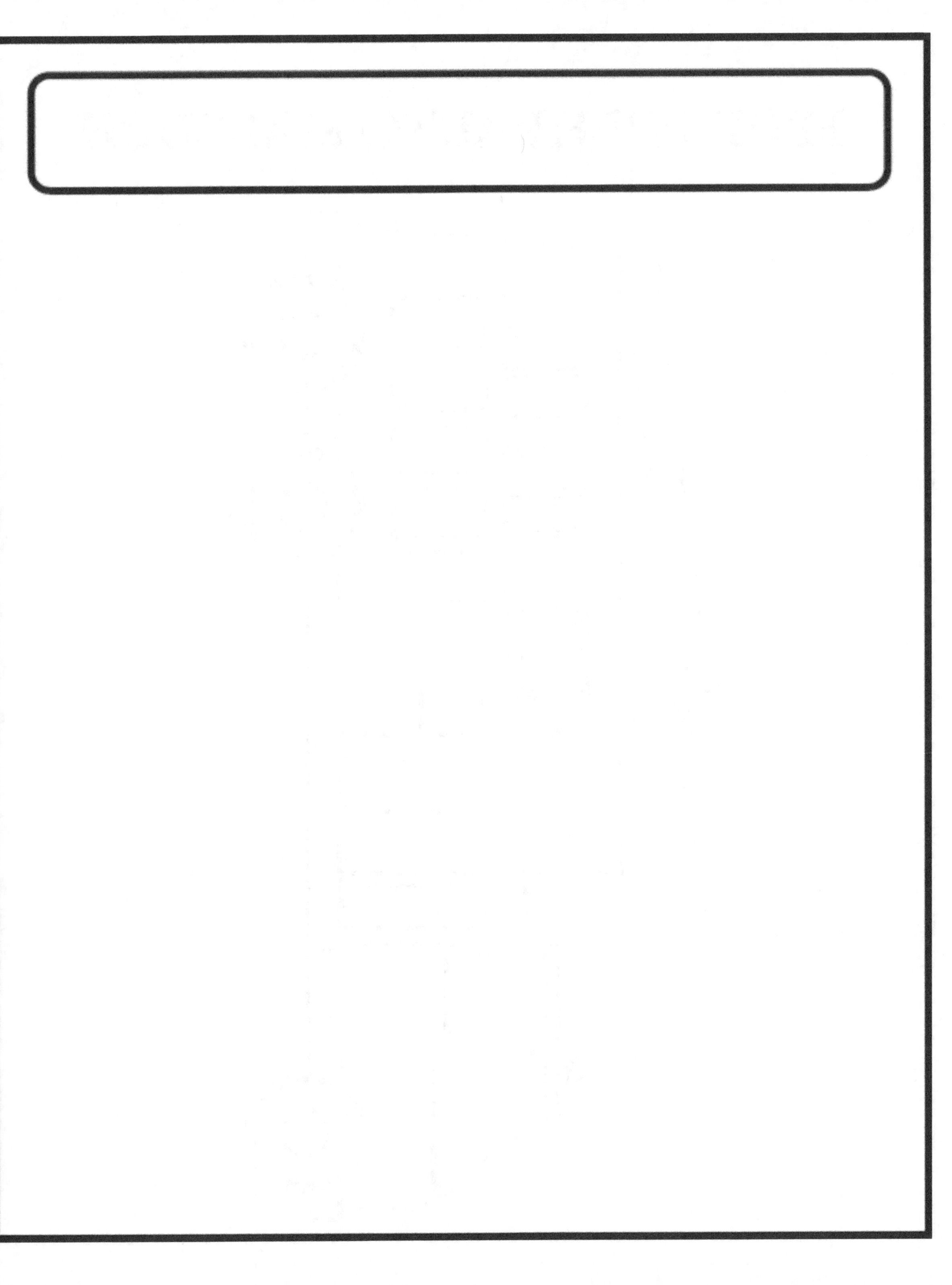

FEUERWEHRAUTO MALBUCH

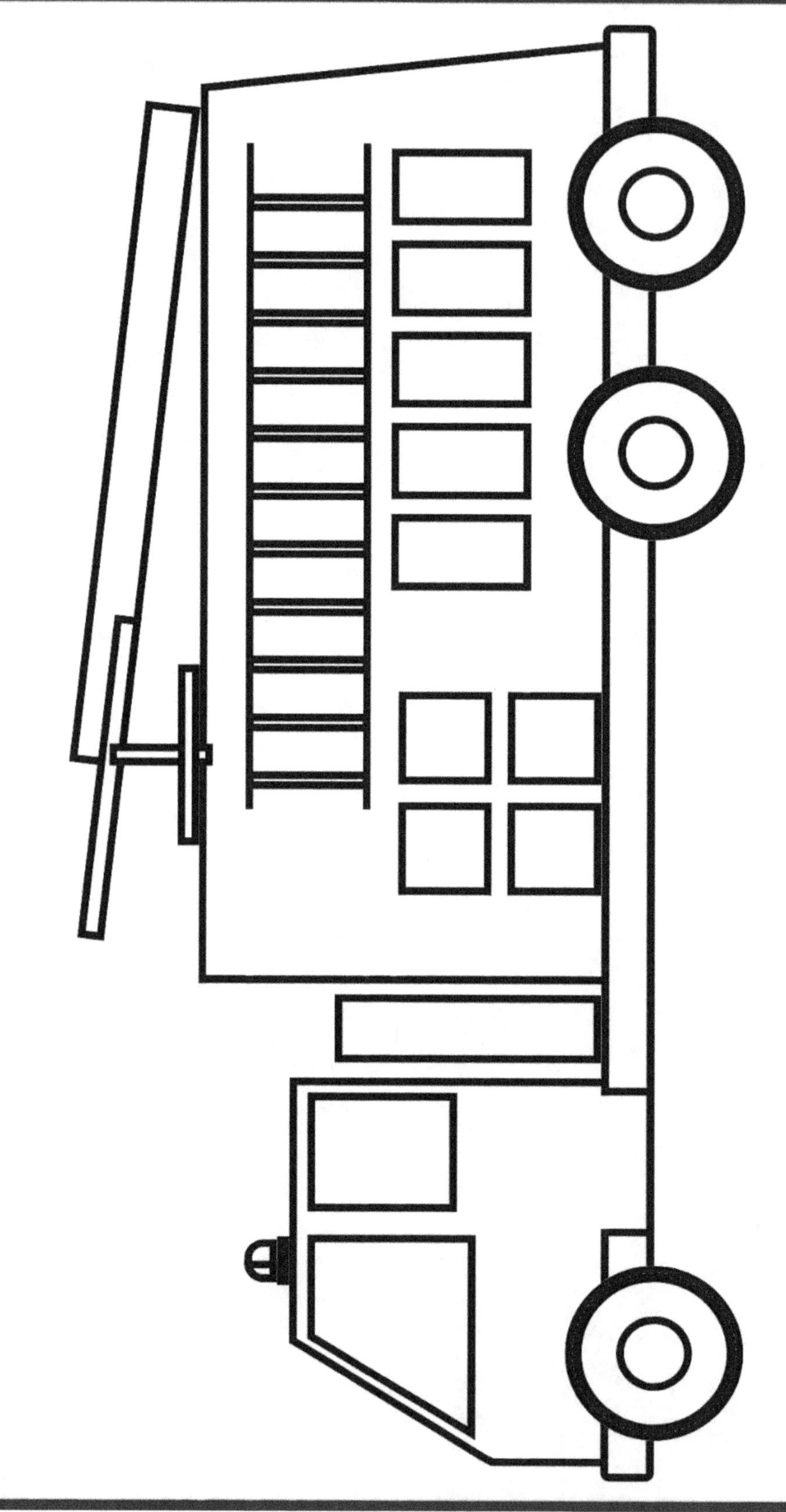

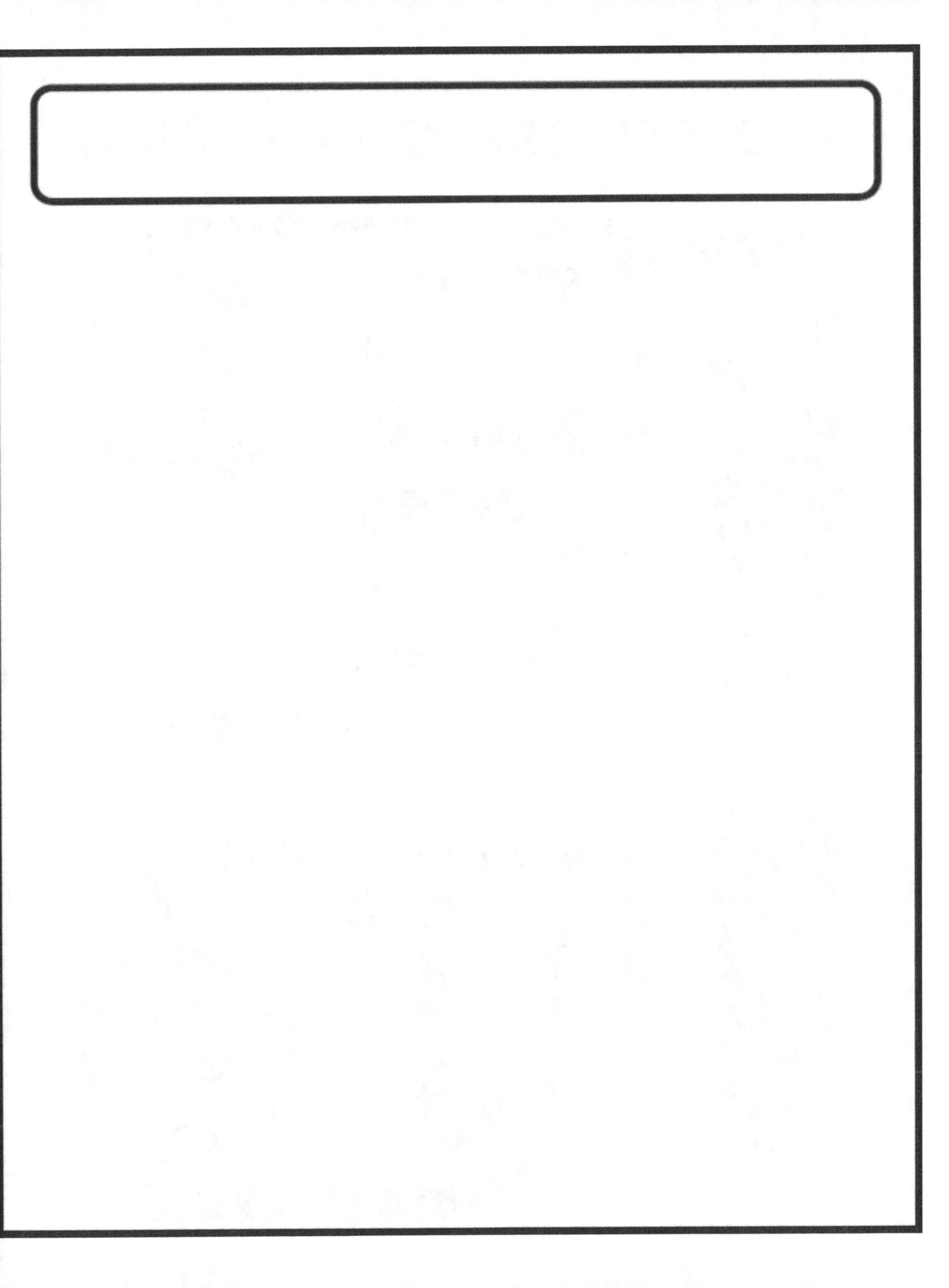

FEUERWEHRAUTO MALBUCH

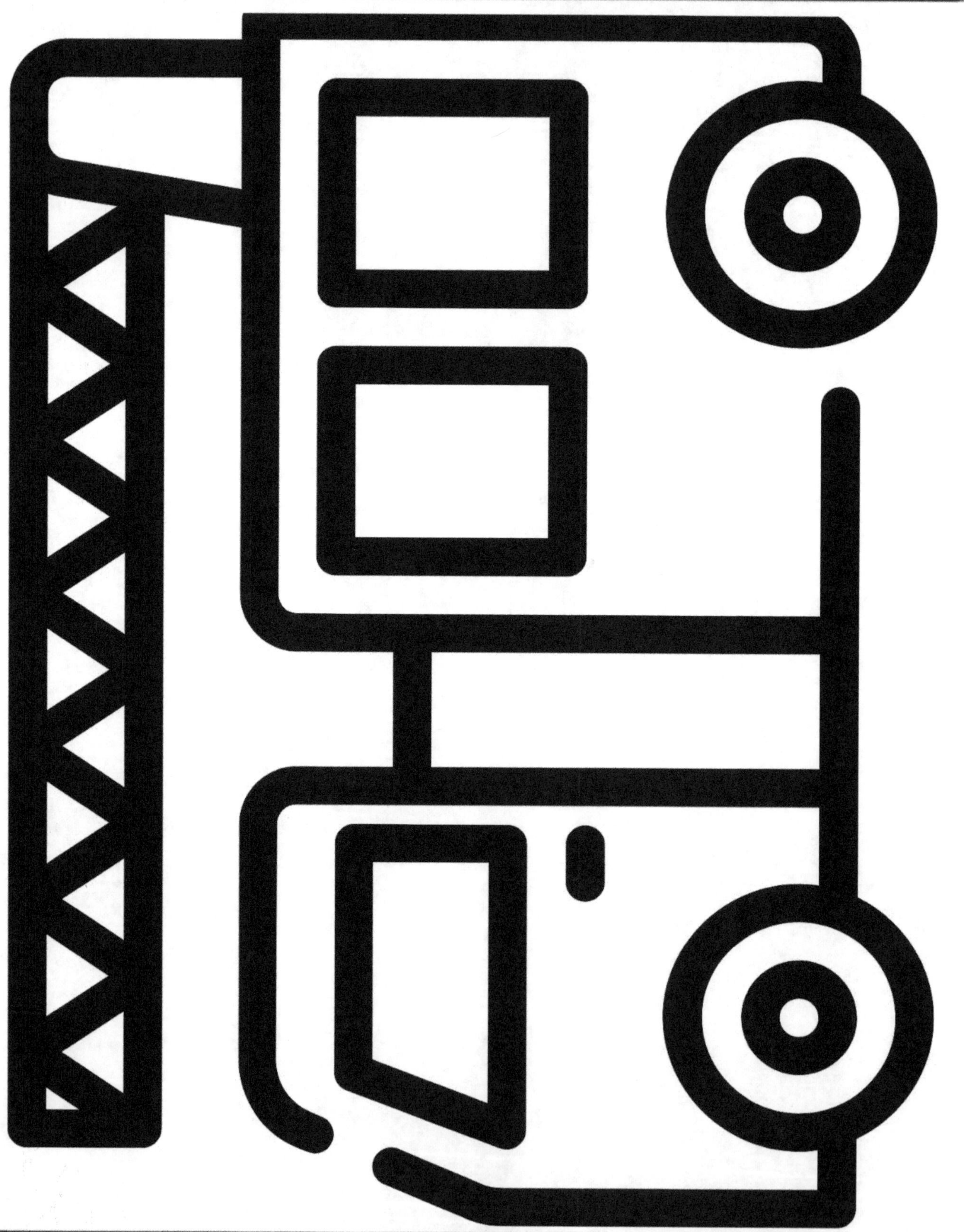

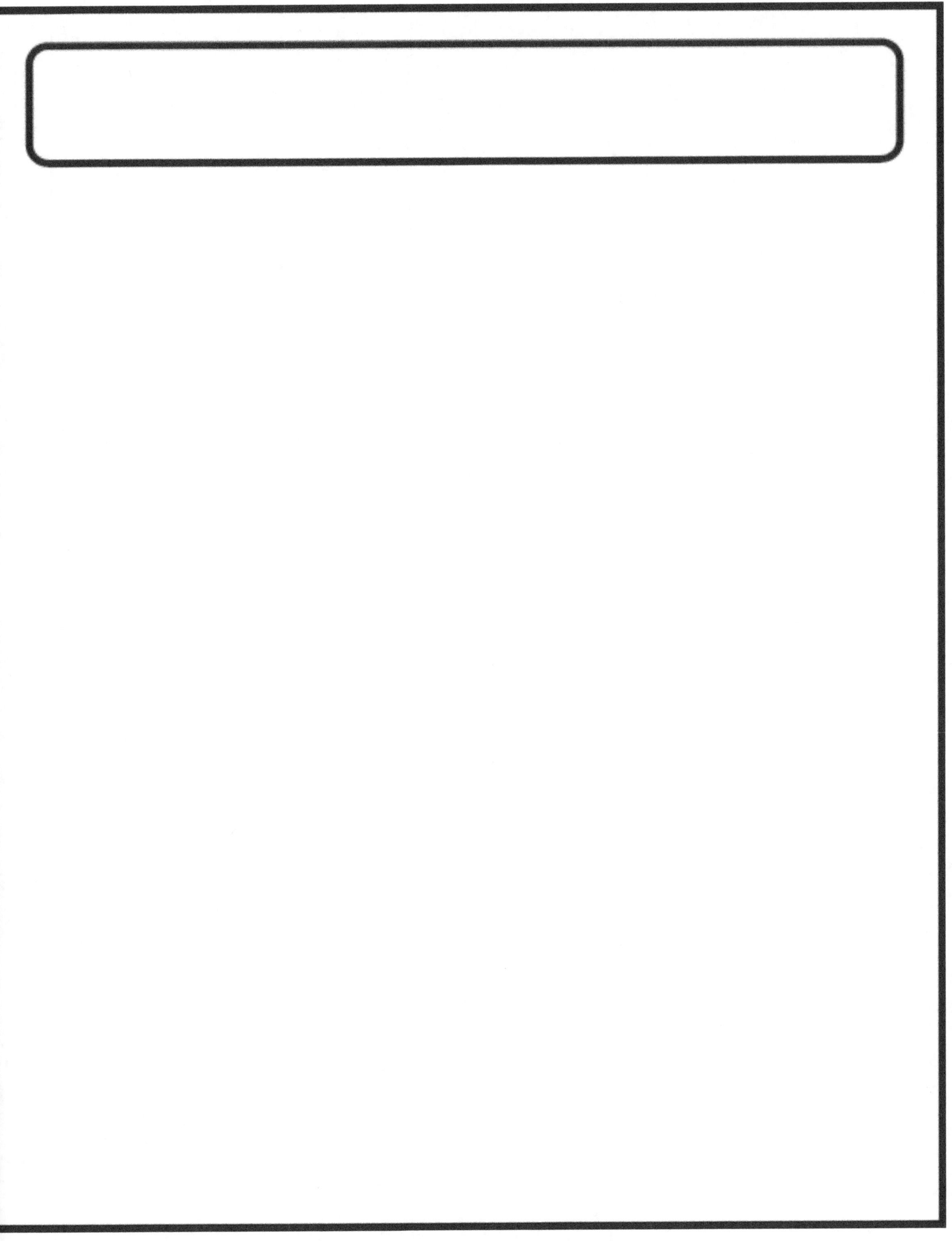